마르크스

058 레닌
전집

Владимир
Ильич
Ленин

마르크스

양효식
옮김

AGORA

차례

일러두기

1. 본 전집의 대본은 V. I. Lenin, *Collected Works*, Progress Publishers, Moscow다.
2. 주석은 모두 각주로 처리했으며, 저자 주는 주석 앞에 '레닌 주'라고 표기했다. 원서 편집자 주는 주석 뒤에 '원서 편집자', 옮긴이 주는 '옮긴이'라고 표기했다.
3. 원문에서 이탤릭체로 강조된 것은 고딕체로 표기했으며, 볼드체로 강조된 것은 굵은 글씨로, 대문자로 강조된 것은 권점을 사용해 표기했다. 밑줄이 그어진 것은 동일하게 처리했다.
4. 신문이나 잡지의 이름은 우리말로 번역되어 익히 알려져 있거나 사용되고 있는 경우에는 번역된 우리말로 표기했으나, 그렇지 않은 경우에는 소리 나는 대로 표기했다.
5. 날짜는 러시아 구력이며, 신력을 표기할 때는 구력을 먼저 적고 괄호 안에 신력을 표기했다.

유럽 전쟁에서
혁명적 사회민주주의의 임무

레닌이 이 전쟁(1914년 7월 28일, 오스트리아가 세르비아에 선전포고를 함으로써 시작된 제국주의 전쟁. 개전 1주일 만에 이탈리아를 제외한 유럽의 모든 열강들이 참전하게 되었고, 이후 1차 세계대전으로 발전하여 1천만 명 이상의 인명이 살상되었다—편집자)에 관한 테제를 작성한 날짜는 그가 포로닌(갈리치아)에서 베른으로 온 뒤인 1914년 8월 24일(9월 6일)을 넘지 않는다. 이 테제는 8월 24~26일(9월 6~8일)에 베른에서 열린 볼셰비키 그룹의 회합에서 토론에 부쳐졌다. 그룹의 승인을 받은 테제는 재외 볼셰비키 그룹들 사이에 유통되었다. N. K. 크룹스카야(Krupskaya)가 만든 사본은 경찰이 감지하지 못하도록 제목을 "덴마크에서 발표된 선언 사본"으로 달았다.

테제는 중앙위원회의 러시아 지부와 당 조직들 및 볼셰비키 두마 의원단 등에서의 토론을 위해 러시아 국내로 은밀히 반입되었다.

스위스 사회민주주의자들을 통해 테제는 1914년 9월 27일 루가노에서 열린 스위스·이탈리아 사회당들의 회의에 제출되었다. 테제에 담긴 생각들 중 많은 내용이 회의 결의안에 포함되었다.

러시아에서 테제가 승인되었다는 소식을 듣자마자 레닌은 이 테제를 토대로 삼아 사회민주노동당 중앙위원회 선언인 「전쟁과 러시아 사회민주주의」(이 글은 이 책에 수록되어 있다—편집자)를 쓰기 시작했다.

테제의 서문(별개의 문서로 씌어진 「유럽 전쟁에 대한 러시아 사회민주주의자들의 입장The Russian Social-Democrats on the European War」)은 나중에야 발견되어 『전집Collected Works』 4차 러시아어판이 출판됐을 때 처음 소개되었다.—원서 편집자

유럽 전쟁 문제와 관련하여 최근에 러시아 사회민주노동당의 지도자격 활동가들의 회의가 있었는데, 믿을 만한 소식통이 우리에게 이 회의에 대해 보고해주었다. 회의는 완전한 공식성을 가진 것은 아니었는데, 왜냐하면 러시아 사회민주노동당 중앙위원회가 차르 정부가 자행한 수많은 체포와 전례 없는 박해의 결과로 온전히 모일 수가 없었기 때문이다. 하지만 우리는 그 회의가 러시아 사회민주노동당의 가장 유력한 그룹들의 견해를 표명하고 있다는 명확한 정보를 갖고 있다.

회의는 다음과 같은 결의안을 채택했다. 그 전문을 기록 문서로서 인용한다.

사회민주주의자 그룹의 결의

1. 이 유럽 및 세계 전쟁은 부르주아적·제국주의적·왕조적 전쟁이라는 성격을 갖고 있음이 명확히 규정되었다. 이 전쟁

은 시장 획득을 위한 투쟁, 외국을 약탈할 자유를 위한 투쟁이며, 각국에서 프롤레타리아트의 혁명운동과 민주주의 운동을 진압하려는 목적을 띠고 있다. 또한 부르주아지한테 이롭도록, 한 나라의 임금노예를 다른 나라의 임금노예와 대립시켜 만국의 프롤레타리아를 기만하고 분열시키고 학살하기 위한 욕망을 담고 있는 전쟁이다. 이것이 전쟁의 유일한 실제 내용이자 의미다.

2. 제2인터내셔널(1889~1914년)에서 가장 강력하고 가장 영향력 있는 독일 사회민주당은 전쟁공채에 찬성표를 던지고 프로이센 융커[1]와 부르주아지의 배외주의 문구들을 되뇌고 있다. 이 당 지도자들의 행동은 사회주의에 대한 명백한 배반이다. 어떠한 상황에서도 독일 사회민주당 지도자들의 행동은 용서받을 수 없다. 그 당의 힘이 절대적으로 약하여 부르주아적 국민 다수파의 뜻 앞에 일시적으로 굴복한 것이라고 가정한다 하더라도 말이다.

3. 부르주아 정부에 들어가 사회주의를 배반한 벨기에·프랑스 사회민주당 지도자들[2]의 행동 또한 마찬가지로 용서할 수 없다.

4. 제2인터내셔널의 지도자들 대부분이 사회주의를 배반

---

[1] 중세 이래 프로이센의 전통적인 토지 귀족. 19세기 중엽부터는 대토지 소유자를 포괄적으로 융커라고 칭했으며, 자유주의와 사회주의가 등장한 후로는 보수주의자와 동일한 의미로 사용되었다.—옮긴이

한 것은 인터내셔널이 이데올로기적으로도 정치적으로도 파산했음을 의미한다. 이러한 붕괴의 주된 원인은 소부르주아 기회주의가 인터내셔널에서 실제 우세를 차지한 데 있다. 이 기회주의의 부르주아적 본질과 위험성에 대해서는 각국의 혁명적 프롤레타리아트를 대표하는 최상의 인자들이 지적해온 바 있다. 기회주의자들은 제2인터내셔널을 파탄내기 위해 오랫동안 준비해왔다. 사회주의 혁명을 부정하고 부르주아 개량주의로 그것을 대체했다. 계급투쟁을 부정하고, 계급투쟁이 일정 시점에 불가피하게 내란으로 전화한다는 것을 부정하며, 계급협조를 설파했다. 노동자에게는 조국이 없다는, 오래전에 『공산당 선언*Communist Manifesto*』에서 제시된 사회주의의 기본 진리를 무시 또는 거부하고, 애국주의와 조국 방위를 내세워 부르주아 배외주의를 설파했다. 군국주의에 반대하는 투쟁에서 스스로를 감상적인 속물주의 관점으로 가두고, 만국의 부르주아지에 대항하는 만국의 프롤레타리아트의 혁명적 전쟁에 대한 필요를 인정하길 거부했다. 비합법 형태의 조직 및 선동이 위기의 시기에는 절대적 의무임을 망각하고, 부르주아 의회주의와 부르주아 합법성의 활용에 대한 필요성

2 벨기에 부르주아 정부에 들어간 자들 중에는 반데르벨데(Vandervelde)가 있고, 프랑스에서는 쥘 게드(Jules Guesde)와 마르셀 셈바(Marcel Sembat), 알베르 토마(Albert Thomas)가 부르주아 정부에 들어갔다. ―원서 편집자

을 물신화했다. 오랜 동안 민족적 자유주의 입장을 취해온, 국제기회주의의 기관지 중 하나인 《월간 사회주의*Sozialistische Monatshefte*》[3]는 아주 적절하게도 유럽 사회주의를 상대로 하여 이룬 승리를 자축하고 있다. 독일을 비롯한 여타 나라 사회민주당들의 이른바 중앙이 겁을 집어먹고 기회주의자들에게 굴복한 사실은 이미 다 알려졌다. 미래의 인터내셔널은 사회주의 내의 이러한 부르주아 경향을 단호하고 되돌릴 수 없이 인터내셔널로부터 제거하는 것을 자신의 임무로 삼아야 한다.

5. 대륙의 양대 경쟁국인 독일과 프랑스의 부르주아 당과 정부가 대중을 아주 효과적으로 우민화하기 위해 사용하고 있으며, 노예처럼 부르주아지의 뒤를 굽신거리며 좇고 있는 사회주의적 기회주의자들—공공연한 경우와 은밀한 경우 둘 다—이 그대로 모방해서 사용하고 있는 부르주아 배외주의적 궤변들과 관련하여 다음의 내용을 특히 유념, 각인해야 한다.

독일 부르주아지가 조국 방위와 차리즘(tsarism)에 대한 투쟁을 말하며 문화적·민족적 발전의 자유를 내세울 때 그들은 거짓말을 하고 있는 것인데, 왜냐하면 빌헬름 2세를 우두머리로 하는 프로이센 융커 계급과 독일의 대부르주아지는 언제나 차르 군주제를 방어한다는—전쟁의 결말이 무엇이든 이들은

---

3   독일 기회주의자들의 주요 기관지이자 국제기회주의의 기관지 중 하나다. 1897년부터 1933년까지 베를린에서 발행되었고, 1차 세계대전 중에는 사회배외주의 입장을 취했다.—원서 편집자

의심할 바 없이 차르 군주제가 무너지지 않도록 버팀목을 대주고자 할 것이다―정책을 갖고 있었기 때문이다. 또한 오스트리아 부르주아지는 사실은 세르비아에 대한 강도나 다름없는 공격 캠페인에 착수했고, 독일 부르주아지는 덴마크인과 폴란드인, 프랑스인(알자스-로렌에서)을 억압하고 있기 때문이다. 독일과 오스트리아 부르주아지는 보다 부유하고 보다 자유로운 나라들을 약탈하기 위해 벨기에와 프랑스를 상대로 하여 침략 전쟁을 수행하고 있는 것이다. 그들은 가장 최근에 개선된 군 장비를 사용하기에 가장 적절해 보이는 시점에, 그리고 러시아에 이른바 대규모 군사 프로그램이 도입된 전야에 공세를 조직했다.

프랑스 부르주아지가 조국 방위 등을 말할 때 그들 역시 거짓말을 하고 있는 것인데, 왜냐하면 사실 그들은 자본주의적 기술면에서 낙후되어 있고 보다 느리게 발전하고 있는 나라들을 방어하고 있기 때문이며, 침략 전쟁을 위해, 즉 오스트리아와 독일 영토를 약탈하기 위해 수백억 루블을 들여 러시아 차리즘의 흑백인조(Black-Hundred gangs)⁴를 고용하고 있기 때문이다. 교전국 양 진영 어느 쪽도 전쟁에서의 잔학함에 있어서는 서로에게 결코 뒤지지 않는다.

4   혁명운동을 탄압하기 위해 차르 경찰이 결성한 군주제 옹호 폭력단으로서, 혁명가들을 살해하고, 진보적 지식인들을 공격하고, 대규모 학살을 조직하기도 했다.―원서 편집자

6. 대러시아 배외주의 및 차르 군주제 배외주의에 맞서, 그리고 러시아 자유주의자들인 카데츠(Cadets)[5]와 <u>나로드니키</u> 일부와 기타 부르주아 당들이 배외주의를 옹호하며 사용하는 궤변들에 맞서 가차 없는 전면적인 투쟁을 수행하는 것이 러시아 사회민주주의자들의 으뜸가는 임무다. 러시아의 노동자계급과 근로인민 대중의 관점에서 볼 때, 폴란드인과 우크라이나인을 비롯해 많은 러시아 거주 인민들을 억압하며, 타민족들에 대한 대러시아계의 억압을 증대시키고, 반동적이고 야만적인 통치를 한층 강화하기 위해 인민들 사이에 증오를 조장하는 차르 군주제와 그 군대가 패배하는 것이 단연 가장 덜 해로

5   러시아 내 자유주의적·군주제적 부르주아지의 지도적 정당인 입헌민주당의 당원들. 1905년에 창립한 이 당은 부르주아지와 젬스트보(Zemstvo, 러시아 지방자치기관―편집자) 지주 지도자들, 부르주아 지식인들을 대변했다. 이들 중 밀류코프(Milyukov), 무롬체프(Muromtsev), 싱가료프(Shingaryov), 스트루베(Struve), 로디체프(Rodichev) 등이 유명하다.

   카데츠는 러시아의 전쟁 준비에 적극적으로 가담했다. 전시 군납을 노리고 차르 정부의 약탈 전쟁 계획 뒤에서 끈끈한 결속을 이루어 부르주아지의 지위를 강화하고 혁명운동을 탄압했다.

   전쟁이 발발하자 카데츠는 '승리할 때까지 전쟁을 밀고 가자!'라는 슬로건을 내걸었다. 1915년에 차르 군대가 전선에서 패배를 당하면서 혁명적 위기가 가중되자 밀류코프를 우두머리로 한 카데츠당 두마 의원단과 여타의 부르주아지·지주 대표자들이 혁명을 견제하고 군주제를 보존하며 전쟁을 '승리의 결말'로까지 밀고 가는 것 등을 목표로 하여 '진보' 블록을 결성했다. 카데츠는 전시산업위원회 설립을 적극 지원했다.―원서 편집자

울 것이다.

7. 다음 내용이 이제 사회민주주의의 슬로건이 되어야
한다.

첫째, 사회주의 혁명을 위한 선전, 그리고 형제들인 타국의
임금노예들을 향해서가 아니라 모든 나라의 반동적 부르주아
정부들과 당들을 향해 무기를 사용할 필요에 대한 선전 등 전
면적이고 포괄적인 선전. 그러한 선전을—모든 나라 언어로—
수행하기 위해 비합법 중핵 및 모든 나라 군대에서 비합법 그
룹을 조직할 긴급한 필요. 예외 없이 모든 나라의 속물들 및
부르주아지의 배외주의와 '애국주의'에 맞선 무자비한 투쟁. 사
회주의를 배반한 현 인터내셔널 지도자들에 대항하는 투쟁에
서, 전쟁의 모든 부담을 떠안고 있으며 대부분의 경우 기회주
의와 배외주의에 적대적인 노동대중의 혁명적 의식에 호소하
는 것이 절대적으로 필요하다.

둘째, 당면 슬로건으로서 공화제를 위한 선전(독일, 폴란드,
러시아와 여타 나라들에서), 그리고 모든 유럽 각국을 공화제 유럽
합중국[6]으로 전화하자는 선전.

셋째, 특히 차르 군주제의 배외주의 및 대러시아 · 범슬라브

6 레닌의 다음 글들을 보시오. "On the Slogan for a United States of
   Europe" 및 "On the Slogan for a United States of Europe. Editorial
   Comment by Sotsial-Demokrat on the Manifesto on War Issued by
   the Central Committee of the R.S.D.L.P.".(두 편 모두 본 전집 60권에
   수록—편집자)—원서 편집자

주의의 배외주의에 맞선 투쟁과 러시아에서의 혁명 선전, 민주
공화제·지주의 토지 몰수·8시간 노동제와 함께 러시아에 의
해 억압받는 민족들의 해방과 자결의 옹호.

사회민주주의자 그룹, 러시아 사회민주노동당 당원들

| 늦어도 1914년 8월 24일(9월 6일)에 집필

**유럽 전쟁과
국제사회주의**

사회주의자에게 가장 견디기 힘든 것은 전쟁에 대한 두려움이 아니라―'모든 피억압자의 성스러운 전쟁, 자기 조국 정복을 위한 성전!'을 우리는 언제나 찬성한다―현 사회주의 지도자들이 보여주고 있는 변절 행위에 대한 두려움이고, 현 인터내셔널의 붕괴에 대한 두려움이다.

　우리가 지금 보고 있는 독일 사회주의자들의 경악스런 방향 전환(독일의 선전포고 후에 이뤄진), 즉 '차리즘에 대한 해방 전쟁' 같은 기만적인 공문구들, 독일 제국주의를 망각하기, 세르비아 강탈에 대해 망각하기, 영국과의 전쟁에 내포된 부르주아적 이해관계 등은 사회민주주의에 대한 배반 행위가 아닌가? 배외주의적 애국주의자들이 전쟁예산에 찬성 투표를 한다!

　프랑스와 벨기에의 사회주의자들이 동일한 배반 행위를 보여주지 않았던가? 그들은 독일 제국주의를 폭로하는 데는 탁월한 면모를 보여주었지만, 불행하게도 영국과 프랑스, 그리고 특히 야만적인 러시아의 제국주의와 관련해서는 놀랍게도 눈뜬장님이 되어 있다. 그들은 프랑스 부르주아지가 수십 년간

계속 수십억 루블씩 지불하며 러시아 차리즘의 흑백인조 도당을 고용해왔고, 이 흑백인조 도당이 우리나라의 비러시아계 다수 인민을 짓밟고 폴란드를 약탈하고 대러시아인 노동자와 농민을 억압해왔다는 등의 역겨운 사실을 보지 않으려 한다.

이와 같은 시기에 《아반티! *Avanti!*》[1]가 쥐데쿰(Albert Südekum)[2]을 향해 참으로 용기 있게 정면으로 일갈한 그 쓰디쓴 진실, 독일 사회주의자들은 **제국주의자들**, 즉 배외주의자들이라고 밝힌 글을 읽으니 사회주의자로서 다시 기운이 살아나는 느낌이다. 독일과 오스트리아의 배외주의(이탈리아 부르주아지에게 유리한)뿐만 아니라 **프랑스의 배외주의**도 폭로한 지보르디(Zibordi)의 논설(《아반티!》, 9월 2일)—이 논설은 이 전쟁이 모든 나라 부르주아지의 전쟁임을 보여주고 있다—을 읽으면 더욱더 기운이 나는 느낌이다.

《아반티!》의 입장과 지보르디의 논설은—또한 혁명적 사회민주주의자 그룹의 결의[3](스칸디나비아 나라에서 열린 최근 회의에서의 결의)도—우리에게 인터내셔널의 붕괴라는 문구에서 무

I '전진'이란 뜻의 이탈리아 사회당 중앙기관지로, 1896년 12월에 일간지로 창간했다. 1차 세계대전 동안 《아반티!》의 정책은 일관되게 국제주의적이지는 않았고, 개량주의자들과 단절하지도 못했다.—원서 편집자

2 독일 사회민주당원으로서 1차 세계대전 동안 극단적인 사회배외주의를 표방해서, 그의 이름이 사회배외주의의 대명사가 되었다.—원서 편집자

3 레닌 주 「유럽 전쟁에서 혁명적 사회민주주의의 임무」(이 책에 수록—편집자)를 보시오.

엇이 옳고 무엇이 틀렸는지를 보여준다. 이 문구를 부르주아
와 기회주의자들(우파 개량주의자들)은 악의적인 쾌감으로, 사회
주의자들(취리히의 《폴크스레히트*Volksrecht*》4와 《브레머 뷰르거차이퉁
Bremer Bürger-Zeitung》5)은 비통한 심정으로 되뇌었다. 그 문구
에는 다량의 진실이 있다! 현 인터내셔널의 지도자들과 당들
대부분이 타락한 것은 사실이다. 《포어베르츠*Vorwärts*》6, 빈의 《노
동자 신문*Wiener Arbeiter-Zeitung*》7, 《함부르거 에코*Hamburger Echo*》8 대
〔對〕《뤼마니테*l'Humanité*》9와 벨기에와 프랑스 사회주의자들의 호소 대

4 '인민의 권리'라는 뜻이며, 1898년부터 취리히에서 발행된 스위스 사
   회민주주의 일간지. 1차 세계대전 동안 이 신문에는 레닌을 포함한 치
   머발트 좌파의 글들이 실렸다. 그때 실렸던 레닌의 글들은 다음과 같
   다. "Twelve Brief Theses on H. Greulich's Defence of Fatherland
   Defence", "The Tasks of the Russian Social-Democratic Labour
   Party in the Russian Revolution", "Tricks of the Republican
   Chauvinists".(세 편 모두 본 전집 65권에 수록—편집자)— 원서 편집자
5 '브레멘 시민 신문.' 1890년부터 1919년까지 브레멘 사회민주주의자들
   이 발행한 일간지. 1914~5년에는 사실상 좌파 사회민주주의자들의 기
   관지였으나 1916년에 사회배외주의자들이 접수했다.— 원서 편집자
6 '전진'이라는 뜻. 독일 사회민주당의 기관지로서 일간지다. 1876년부터
   빌헬름 리프크네히트(Wilhelm Liebknecht)를 비롯한 편집위원들이 발
   행했다. 이 신문을 통해 엥겔스는 기회주의의 모든 발현태에 맞서 투
   쟁했다. 1890년대 후반, 엥겔스 사후에 독일 사회민주당과 제2인터내셔
   널에서 지배적인 위치가 된 기회주의자들의 글이 체계적으로 실렸다. 1
   차 세계대전(1914~8년) 동안 이 신문은 사회배외주의 정책을 추구했고,
   10월 사회주의 혁명 후에는 반소비에트 선전 대변지가 되었다. 1933년
   에 발간이 중단되었다.— 원서 편집자

〔對〕 독일 당 지도부의 '회답'을 비교해보라.) **대중**은 아직 자신의 의견을 말하지 않았다.[10]

그러나 "이론이 틀렸다"거나 사회주의의 "약"이 "잘못"된 것이 아니라, "단지 약을 충분한 분량으로 입수할 수 없"고 "일부 사회주의자들이 '충분히 사회주의적이지' 않다"는 것이 문제라고 지보르디가 말했을 때 그는 천 번 만 번 옳다.

현재의 유럽 인터내셔널을 필두로 하여 붕괴한 것은 사회주

7 오스트리아 사회민주당 중앙기관지(일간)로서 1889년부터 빈에서 발행되었다. 1차 세계대전 동안 사회배외주의 입장을 취했는데, 레닌은 이 신문을 가리켜 "빈의 사회주의 배반자들"의 신문이라고 표현했다. 1934년에 나치의 탄압을 받아 폐간되었다가 1945년에 오스트리아 사회당의 중앙기관지로 다시 발간되었다.─원서 편집자

8 '함부르크의 메아리'라는 뜻. 1887년부터 발행된 독일 사회민주주의 일간지. 1차 세계대전 동안 사회배외주의 입장을 취했다. ─원서 편집자

9 '인류'라는 뜻. 프랑스 사회당의 기관지(일간)로서 1904년에 장 조레스 (Jean Jaurès)가 창간했다. 1차 세계대전 동안 프랑스 사회당 내 극단적인 우익 진영의 대변지가 되어 사회배외주의 정책을 추구했다. 1920년 12월 투르 대회에서 사회당 분열로 공산당이 결성된 직후 공산당의 기관지가 되었다.─원서 편집자

10 국제사회주의사무국에 파견된 프랑스와 벨기에의 대표단이 독일 인민에게 드리는 호소문을 냈고, 이것이 1914년 9월 6일자 《뤼마니테》에 발표되었다. 이 호소문은 독일 정부의 약탈적 정책을 비난했으며, 독일 군대가 점령지에서 잔학 행위를 저지르고 있다며 규탄했다. 1914년 9월 10일자 《포어베르츠》는 이 호소문에 대한 독일 사회민주당 집행부의 항의문을 실었다. 이로부터 프랑스와 독일의 사회배외주의자들 간에 출판물상의 논쟁이 촉발되었다. 양측은 각각 자국 정부의 전쟁 참가를 정당화하고 상대방에게 책임을 전가하고자 했다.─원서 편집자

의가 아니라 불충분한 사회주의, 즉 기회주의와 개량주의다. 붕괴한 것은 바로 이 '경향'—도처에, 모든 나라에 존재하며, 이탈리아의 비솔라티(Bissolati) 일파가 생생하게 보여주는—이다. 이 경향은 수년 동안 계급투쟁을 비롯한 기타 등등을 잊으라고 가르쳐왔다.

지보르디는 또 다음과 같이 말했는데 이것도 옳은 말이다. 유럽 사회주의자들의 가장 큰 죄는 "그들이 살육을 막지 못한 자신들의 무능력에 대해서도 그리고 그 살육에 참가할 필요에 대해서도 모두 그럴듯한 논거를 대며 사후 정당화를 시도한" 데 있다. 또 유럽 사회주의자들은 "그들이 어쩔 수 없이 필요에 의해 하지 않을 수 없는 것을 마치 자발적으로 하는 것처럼 보이도록 외양을 꾸며내길 좋아한다"는 점, 사회주의자들이 "자국 및 자국 부르주아 정부의 편에 가담하여 우리에게(또한 기회주의자들이 아닌 모든 사회주의자들에게) 환멸을 가져다주었고 …… 이탈리아의 모든 비사회주의자들에게는 기쁨을 안겨주었다"는 점도 가장 큰 죄 중의 하나다.

유럽 사회주의자들의 총체적인 무능력과 무기력을 고려한다손 치더라도 그들 지도자들의 행동은 변절과 비열함을 드러내고 있다. 노동자들이 서로에 대한 살육전으로 내몰리고 있는 동안 그들의 지도자들은 정부에 찬성 투표를 하고 내각에 들어갔다! 그들의 총체적 무기력을 감안한다손 치더라도 그들은 반대 투표를 했어야 했고 입각하지 않았어야 했으며, 그 추악한 배외주의적 발언들을 하지 않았어야 했다. '자국 국민'과 연대하지 않았어야 하며, '자'국 부르주아지를 옹호하지 않았어야 했다. '자'국 부르주아지의 사악함을 폭로했어야 했다.

도처에 부르주아지와 제국주의자 들이 존재하고, 도처에서 비열한 살육을 위한 준비가 진행되고 있다. 러시아 차리즘이 특히 악명 높고 야만적(그리고 그 어느 것보다도 더 반동적)이라면 독일 제국주의 또한 군주주의적·봉건적·왕조적이며, 저열한 독일 부르주아지 역시 프랑스 부르주아지보다 덜 자유롭다. 차리즘이 패배하는 것이 자신들에게 해가 가장 작다고 러시아 사회민주주의자들이 말할 때 그들은 옳다. 왜냐하면 그들의 직접적인 적은 무엇보다도 대러시아 배외주의기 때문이다. 사회주의자(기회주의자가 아닌)는 각각의 나라에서 '자'국의('국내산') 배외주의를 자신의 주적으로 삼아야만 한다.

그러나 그렇게 절대적으로 '무능력'하다는 것은 진실인가? 정말 그런가? "총살"? "영웅적인 죽음"과 "비참한 죽음"? 이 모든 것이 "남의 조국을 위한" 것이라고? 언제나 그렇지는 않다!! 주도력을 발휘하는 것은 가능했고 그것은 심지어 의무적인 일이었다. 비합법 선전과 내란이 사회주의자에게는 더 양심적이고 의무적인 것일 것이다(러시아 사회주의자들이 요구하고 있는 것이 바로 이것이다).

예를 들어, 그들은 전쟁은 끝날 것이고 사태는 진정될 것이라는 환상으로 자신들을 위로하고 있다……. 그러나 결코 그런 일은 없을 것이다. 현 인터내셔널(1889~1914년)의 붕괴가 사회주의의 붕괴로 전화되지 않도록 하기 위해서는, 대중이 등을 돌리지 않도록 하기 위해서는, 그리고 아나키즘과 생디칼리즘의 지배(부끄럽게도 프랑스처럼)를 막기 위해서는 진실을 직시해야 한다. 누가 승리하든 배외주의와 "복수심"이 성장해 유럽을 삼켜버릴 기세다. 군국주의는—독일 군국주의든 대러시아 군국주의든—대항 배외주의와 그 아류를 조장한다.

기회주의, 개량주의의 완전한 붕괴—이탈리아에서 그토록 성대하게 선언된(그리고 이탈리아 동지들에 의해 그토록 단호하게 거부된)[11]—에 대한 결론을 끌어내는 것이 우리의 의무다. 그리고[12]

---

11 1892년에 창당한 이래로 이탈리아 사회당은 줄곧 당의 정책과 전술을 놓고 차이를 드러낸 기회주의 진영과 혁명적 진영이 서로 첨예한 이데올로기 투쟁을 벌였다. 전쟁을 지지하고, 정부와 부르주아지에게 협조할 것을 주장한 가장 노골적인 개량주의자들(보노미(Bonomi), 비솔라티)이 당내 좌파의 압력으로 1912년 레지오 에밀리아에서 열린 당 대회에서 축출되었다. 전쟁 발발 후, 그리고 이탈리아의 참전 전에 당은 '전쟁 반대, 중립 찬성!' 슬로건으로 표현된 반전 입장을 취했다. 1914년 12월에는 부르주아지의 제국주의 정책을 옹호하고 이탈리아의 참전을 지지한 배반자 그룹(무솔리니(Mussolini) 등)이 축출되었다. 이탈리아 사회주의자들은 스위스 사회주의자들과 루가노에서 합동회의(1914년)를 개최하였고, 국제사회주의 치머발트 회의(1915년)와 키엔탈 회의(1916년)에서 적극적인 역할을 했다. 그러나 대체로 이탈리아 사회당은 중앙파(중도주의) 정책을 좇았다. 1915년 5월에 이탈리아가 참전하자 당은 기존의 반전 입장을 포기하고, 사실상 전쟁 지지를 의미하는 '참전도, 사보타지도 아니다'라는 슬로건을 냈다.—원서 편집자

주의 : 다음 문구를 삽입할 것.

이탈리아 사회주의자들과 《아반티!》에 대한 《노이에 차이트 *Die Neue Zeit*》[13]의 모욕적이고 얕보는 태도 : 기회주의에게 허접한 양보! '중용'

〔이른바 '중앙파' = 기회주의자의 시녀들〕

| 1914년 8월 말~9월에 집필

---

12 원고는 여기서 중단된다. 그 다음에 실린 문장들은 여백의 주석이다.— 원서 편집자

13 '새 시대'라는 뜻. 독일 사회민주당의 이론지로서 1883년부터 1923년까 지 슈투트가르트에서 발행되었다. 1917년 10월까지 카를 카우츠키(Karl Kautsky)가, 그후에는 하인리히 쿠노(Heinrich Cunow)가 편집을 맡 았다. 마르크스와 엥겔스의 몇몇 글들이 이 잡지에 처음으로 발표되었 다. 잡지를 위해 자문을 맡았던 엥겔스는 이 잡지가 마르크스주의로부 터 이탈했다고 빈번히 비판했다. 1890년대 후반 엥겔스 사후에 수정주 의자들의 글을 체계적으로 실었다. 이 글들 가운데에는 마르크스주의에 반대하는 수정주의 십자군전쟁을 시작한 베른슈타인(Bernstein)의 "사 회주의의 제문제"라는 제하의 일련의 논문이 포함되었다. 1차 세계대전 동안 이 잡지는 사실상 사회배외주의를 지지하는 중앙파 입장을 취했 다.—원서 편집자

전쟁과
러시아 사회민주주의

이 글은 막 발발한 세계 제국주의 전쟁에 대한 볼셰비키 당의 입장을 표명한 최초의 공식 문서다. 레닌은 이에 앞서 1914년 8월 24~26일에 베른에서 열린 볼셰비키 그룹의 회합에서 행한 자신의 보고를 기초로 하여 '전쟁에 관한 테제'(「유럽 전쟁에서 혁명적 사회민주주의의 임무」)를 작성한 바 있다. 이 '전쟁 테제'는 러시아 국내로 반입되어 볼셰비키 당 중앙위원회와 두마 의원단을 비롯해 각지의 당 조직에서 토의되었다. 레닌은 이 테제가 승인되었다는 통지를 받은 후 테제를 기초로 하여 '중앙위원회 선언'을 집필했는데 그 '선언'이 바로 이 글로, 「전쟁과 러시아 사회민주주의」라는 제목으로 11월 1일자 중앙기관지 《사회민주주의자 Sotsial–Demokrat》 33호에 처음 발표되었다.—원서 편집자 모든 나라의 정부와 부르주아 당들이 수십 년 동안 준비해온 유럽 전쟁이 발발했다. 선진국들에서 자본주의 발전의 최근 단계—제국주의 단계—에 이르러 군비증강이 가속화하고 시장 획득을 위한 투쟁이 끝간데없이 격화하였다. 보다 낙후된 동유럽 군주제들의 왕조적 이해와 함께 이러한 요인들이 지금의 전쟁을 야기하는 것이 불가피했고, 실제로 야기했다. 영토를 강탈하고 타국을 복속시키고, 경쟁국을 파멸시키고 그 부를 약탈하고, 러시아, 독일, 영국, 그리고 여타 나라들에서 국내의 정치적 위기로부터 노동대중의 주의를 다른 데로 돌리고, 노동자들의 단결을 깨뜨리고 민족주의로 호도하고, 프롤레타리아트의 혁명운동을 약화시키기 위해 프롤레타리아 전위를 말살하려는 것, 이것들이 바로 현 전쟁의 유일한 실제 내용이자 중요성이자 의미다.

일차적으로 사회민주주의의 의무는 전쟁의 진정한 의미를 드러내고 지배계급들인 지주와 부르주아지가 전쟁을 옹호하며 유포시킨 허위와 궤변과 '애국주의' 언사를 가차 없이 폭로

하는 것이다.

교전국 양 진영 중 한쪽의 우두머리는 독일 부르주아지다. 독일 부르주아지는 이 전쟁이 조국을 수호하는 전쟁이므로 자유와 문명을 수호하는 전쟁이고, 차리즘에 의해 억압받는 인민들의 해방을 위한 전쟁이며 반동적인 차리즘의 파괴를 위한 전쟁이라고 주장하여 노동자계급과 근로대중을 속이고 있다. 그러나 빌헬름 2세를 우두머리로 하는 프로이센 융커에게 굽신거리는 이 독일 부르주아지는 실은 언제나 차리즘의 가장 충실한 맹우였으며, 러시아 노동자·농민 혁명운동의 적이었다. 전쟁의 결말이 무엇이건 간에 이 부르주아지는 융커와 함께 러시아에서 혁명에 대항하여 차르 군주제를 지탱하는 데 전력을 다할 것이다.

독일 부르주아지는 또 세르비아를 복속시키고 남슬라브인의 민족혁명을 압살하기 위해 세르비아에 대한 강도적인 공세에 착수했다. 그와 동시에 군 병력의 대부분을 보다 자유로운 나라인 벨기에와 프랑스 침략에 투입하여 자기보다 부유한 경쟁국들을 약탈하려고 했다. 자신은 방어전을 수행하고 있다고 거짓을 유포시켜온 독일 부르주아지는 전쟁에 가장 유리하다고 보이는 시점을 선택했고, 자신들의 군사장비의 최신 성과를 이용하여 러시아와 프랑스가 이미 계획하고 결정한 군비증강에 앞서 선수를 쳤다.

교전국 양 진영 중 다른 한쪽의 선두에는 영국과 프랑스의 부르주아지가 있다. 그들은 독일의 군국주의와 전제주의에 반대하여 조국을 수호하고, 따라서 자유와 문명을 수호하기 위해 전쟁을 수행하고 있다고 주장하며 노동자계급과 근로대중을 속이고 있다. 그러나 실제로 이들 부르주아지는 이미 일찍부터 유럽의 가장 반동적이고 야만적인 군주제인 러시아 차리즘의 군대를 고용하여 독일 공격을 위한 준비를 시키는 데 수백억 루블을 지불했다.

영국과 프랑스 부르주아지의 전쟁 목적은 급속한 경제적 발전이 이루어지고 있는 독일의 식민지를 탈취하여 이 경쟁국을 파멸시키는 것이다. '선진 민주주의' 나라들이 이 고귀한 목적을 추구하느라 실제 하고 있는 것은 야만적인 차르 정권이 폴란드와 우크라이나 등을 더욱 억압하고 러시아에서 혁명을 더 철저히 진압하도록 돕는 것이다.

약탈과 잔학 행위, 끝없는 전쟁의 야수성이란 면에서 교전국 양 진영 어느 쪽도 서로에게 뒤지지 않는다. 그러나 각국의 부르주아지는 프롤레타리아트를 속여서 단 하나의 진정한 해방 전쟁, 즉 '자'국 부르주아지와 '외'국 부르주아지 둘 다에 대항하는 내란으로부터 프롤레타리아트의 주의를 다른 데로 돌리려는 그 숭고한 목적을 위해 애국주의의 거짓 언사를 빌려 '자'국 전쟁의 의의를 미화하려 애쓰고 있다. 그리고 적을 패퇴시키는 것은 약탈과 영토 강탈이 아니라 다른 모든 인민들의 '해방'을 위한 것이라고 강변하고 있다.

그러나 모든 나라의 정부와 부르주아지가 노동자들의 단결을 파괴하고 서로 싸우도록 부추기면 부추길수록, 그리고 이 숭고한 목적을 위해 계엄령과 군 검열(이 군 검열은 전시인 현재에도 외부의 적보다는 '내부'의 적을 겨누고 있다)을 더욱 야만적으로 시행하면 할수록, 모든 나라의 '애국적인' 부르주아 도당의 고삐 풀린 배외주의에 맞서 자신의 계급적 연대와 자신의 국제주의와 자신의 사회주의 신념을 방어하는 것이 계급적으로 각성한 프롤레타리아트에게 더욱더 긴박한 의무가 되고 있다. 계급적으로 각성한 노동자가 이러한 목표를 포기한다면, 그것은 그 자신의 사회주의적인 지향은 말할 것도 없고, 자유와 민주주의를 위한 지향까지도 저버리는 일이 될 것이다.

유럽 주요국들의 사회주의 정당이 이러한 자기 임무를 이행하지 못한 것, 나아가 이 당들의 지도자들이 사회주의의 대의를 노골적으로 배반하는 것과 다름없는 행태를 한 것—특히 독일에서—을 우리는 가장 쓰디쓴 좌절감을 씹어가며 기록해야 한다. 역사적으로 어느 시기에도 비할 바 없이 중요한 이 시점에 현 사회주의 인터내셔널(제2인터내셔널, 1889~1914년)의 지도자들 대부분이 사회주의를 밀어내고 민족주의를 그 자리에 앉히려고 하고 있다. 그들 지도자들이 취한 행동의 결과로 이들 나라 노동자 당들은 정부의 범죄적인 행위를 반대하지 않고, 오히려 노동자계급의 입장을 제국주의 정부의 입장에 일치시킬 것을 노동자계급에게 촉구했다. 인터내셔널 지도자들은 전쟁공채에 찬성 투표를 했다. '자'국 부르주아지의 배외주의('애국주의') 슬로건들을 따라 외쳤다. 전쟁을 정당화하고 옹호했다. 교전국 부르주아 정부에 입각했다. 이러한 행위를 통해 사회주의를 배반한 것이다. 오늘날 유럽의 가장 영향력 있는 사회주의 지도자들과 가장 영향력 있는 사회주의 기관지들은 결코 사회주의라 할 수 없는 배외주의적이고 부르주아적이며 자유주의적인 견해들을 지니고 있다. 이렇게 사회주의를 불명예스럽게 한 책임은 일차적으로 독일 사회민주주의자들에게 있다. 제2인터내셔널에서 가장 강력하고 가장 영향력 있었던 당인 독일 사회민주당 말이다. 그러나 정당화될 수 없는 건 프랑스 사회주의자들도 마찬가지다. 자기 나라를 배반하고 비스마르크(Bismarck)와 합작하여 코뮌을 분쇄한 바로 그 부르주아지의 정부에 들어가 장관 자리를 받은 프랑스 사회당의 지도자들 말이다.

독일과 오스트리아의 사회민주주의자들은 러시아 차리즘에 대항하여 투쟁하고자 자신들이 전쟁을 지지한 것이라고 주장함으로써 전쟁 지지를 정당화하려 하고 있다. 우리 러시아 사회민주주의자들은 이러한 정당화가 터무니없는 궤변이라고 생각한다는 것을 분명히 선언한다. 러시아에서 차리즘에 대항하는 혁명운동은 지난 몇 년 동안 다시 거대한 규모로 성장했다. 이 운동의 선두에는 언제나 노동자계급이 앞장서고 있다. 수백만 노동자들이 참여한 지난 몇 년간의 정치파업들은 차리즘 타도와 민주공화제 수립을 요구하는 슬로건 아래 수행되었다. 전쟁 바로 전야에 니콜라이 2세를 방문한 프랑스공화국 대통령 푸앵카레(Poincaré)는 페트로그라드 거리에서 러시아 노동자들이 설치해놓은 바리케이드를 직접 볼 수 있었다. 러시아의 프롤레타리아트는 인류를 차르 군주제의 치욕에서 벗어나게 하기 위해 어떠한 희생도 마다하지 않아왔다. 그런데 차리즘의 몰락을 일정한 조건 아래서 지연시킬 수 있는 무엇인가가 있다면, 러시아의 민주주의 전체에 대항하는 차리즘의 투쟁에서 차리즘을 도와줄 수 있는 무엇인가가 있다면, 그것은 바로 영국·프랑스·러시아 부르주아지의 돈주머니를 차리즘의 반동적인 목적에 이용할 수 있게 해준 지금의 전쟁이라고 말하지 않으면 안 된다. 또한 차리즘에 대한 러시아 노동자계급의 혁명적 투쟁을 방해할 수 있는 무엇인가가 있다면, 그것은 러시아의 배외주의 언론이 우리에게 하나의 모범이라며 끊임없이 들이밀고 있는 저 독일·오스트리아 사회민주당 지도자들의 행동이다.

독일 사회민주당의 힘이 약해서 어쩔 수 없이 모든 혁명적 행동을 자제할 수밖에 없었다고 가정한다 하더라도, 배외주의 진영에 가담하는 것만은 해서는 안 되는 일이었다. 또한 이탈리아 사회주의자들이 독일 사회민주당의 지도자들이 프롤레타리아 인터내셔널의 깃발을 더럽히고 있다는 성명을 발표했는데, 이러한 정당한 성명의 규탄 대상이 되는 행동을 해서는 안 되는 것이었다.

우리 당, 러시아 사회민주노동당은 전쟁으로 인해 이미 큰 희생을 치러왔고, 앞으로도 계속 치를 것이다. 우리의 노동자계급 합법 출판물 전체가 탄압을 받아 폐간되었다. 대부분의 노동자계급 결사체들이 폐쇄되었고, 우리의 많은 동지들이 체포되어 유형지로 보내졌다. 그러나 우리 당의 의회 대표단─러시아 사회민주노동당 두마 의원단─은 전쟁공채에 찬성 투표를 하지 않고, 더욱 정력적으로 항의 표시를 하기 위해 국회 회의장에서 퇴장하는 것을 자신들의 무조건적인 사회주의적 의무라고 생각했다. 또한 유럽 각국 정부의 정책을 제국주의라고 규탄하는 것을 자신들의 의무로 생각했다. 차르 정부가 폭정의 강도를 열 배나 강화시켰지만, 러시아의 사회민주주의 노동자들은 이미 최초의 비합법 반전 호소문을 발행함으로써 민주주의와 인터내셔널에 대한 자신의 의무를 다하고 있다.

혁명적 사회민주주의자들─독일 사회민주당의 소수파와 중립국들의 가장 뛰어난 사회민주주의자들로 대표되는─이 제2인터내셔널의 붕괴로 쓰디쓴 치욕을 느끼고 있고, 영국과 프랑스의 사회주의자들도 대다수 사회민주당들의 배외주의에 대한 반대 입장을 표명해왔다. 한편 오랫동안 민족적 자유주의 입장을 지녀온 독일의 《월간 사회주의》로 대표되는 기회주의자들은 매우 당연하게도 유럽 사회주의에 대한 자신들의 승리를 기념하고 있다. 이러한 때에 프롤레타리아트에게 최대의 족쇄가 되는 것은 기회주의와 혁명적 사회민주주의 사이에서 동요하면서 제2인터내셔널의 붕괴에 대해 침묵하거나 외교적 공문구로 그것을 가리려고 하는 자들(독일 사회민주당의 '중앙'파와 같은)이다.

모든 나라 노동자들의 새롭고 보다 지속적인 사회주의적 단결을 이루기 위해서는 그와는 반대로 이 붕괴를 솔직히 인정하고 그 원인을 규명해내야만 한다.

기회주의자들은 슈투트가르트 대회, 코펜하겐 대회, 바젤 대회¹의 모든 결정을 파탄내왔다. 이 대회들의 결정은 모든 나라 사회주의자들에게 자신이 처한 조건이 어떠하든 상관 없이 배외주의에 맞서 싸울 것, 부르주아지와 각국 정부들에 의해 시작된 모든 전쟁에 내란과 사회혁명에 대한 선전을 강화하는 것으로 대응할 것 등을 의무로 규정하고 있다. 제2인터내셔널의 붕괴는 기회주의의 붕괴다. 기회주의는 이제는 지나간(그리고 이른바 '평화적인') 역사의 한 시기를 특징짓던 특수성을 기반으로 하여 발전해왔다가, 근년에 와서 사실상 인터내셔널을 지배하기에 이르렀다. 기회주의자들은 오랫동안 이러한 붕괴를 위한 길을 닦아왔는데, 열거하자면 이렇다. 사회주의 혁명을 부정하고 부르주아 개량주의로 그것을 대체했다. 계급투쟁을 부정하고, 계급투쟁이 일정 시점에 불가피하게 내란으로 전화한다는 것을 부정하며, 계급협조를 설파했다. 노동자에게는 조국이 없다는, 오래전에 『공산당 선언』에서 제시된 사회주의의 기본 진리를 무시 또는 거부하고, 애국주의와 조국 방위를

내세워 부르주아 배외주의를 설파했다. 군국주의에 반대하는

I 제2인터내셔널 슈투트가르트 대회는 1907년 8월 18~24일에 열렸다. 러시아 사회민주노동당은 37명의 대의원을 파견했다. 볼셰비키를 대표하여 레닌, 루나차르스키(Lunacharsky), 리트비노프(Litvinov) 등이 참가했다.

대회의 업무 대부분은 본회의에 제출할 결의안 초안을 담당한 위원회들이 수행했다. 레닌은 '군국주의와 국제 분쟁'에 관한 결의안을 기초한 위원회의 위원이었다. 로자 룩셈부르크(Rosa Luxemburg)와 공동으로 레닌은 베벨(Bebel)의 결의안에 대한 역사적인 수정안을 냈다. 이 수정안은 전쟁이 야기한 위기를 이용하여 자본주의 타도를 향해 대중을 분기시키는 것이 사회주의자의 의무라고 선언했다. 대회는 이 수정안을 통과시켰다. (이 대회에 대해서는 레닌의 다음 글을 보시오. "The International Socialist Congress in Stuttgart".[본 전집 36권에 수록―편집자])

제2인터내셔널 코펜하겐 대회는 1910년 8월 28일부터 9월 3일 사이에 열렸다. 러시아 사회민주노동당을 대표하여 레닌, 플레하노프(Plekhanov), 루나차르스키, 콜론타이(Kollontai), 포크롭스키(Pokrovsky) 등이 참가했다. 대회가 임명한 5개 위원회에서 주요 의제에 관한 예비 심의와 결의안 기초를 담당했다. 레닌은 협동조합위원회에서 활동했다.

대회의 결의안 '군국주의와 전쟁에 대한 투쟁'은 슈투트가르트 대회의 결의 '군국주의와 국제 분쟁'을 확인했다. 또 결의안에는 각국 사회주의 의원단들이 제출할 요구안이 열거되었다. a) 국가 간 모든 분쟁은 국제중재재판소가 내린 판결에 어김없이 따르도록 할 것. b) 전면적 군비 철폐. c) 비밀외교의 폐지. d) 모든 민족의 자치와 군사 침략 및 억압으로부터의 보호.

제2인터내셔널 바젤 대회는 1912년 11월 24~25일에 열렸다. 바젤 대회는 발칸 전쟁 및 임박한 유럽 전쟁과 관련하여 소집한 임시 대회였다. 이 대회가 채택한 선언문은 다가오는 세계 전쟁의 제국주의적 본질을 강조하고, 모든 나라 사회주의자들에게 전쟁에 반대하여 단호한 투쟁을 수행할 것을 촉구했다.―원서 편집자

투쟁에서 스스로를 감상적인 속물주의 관점으로 가두고, 만국의 부르주아지에 대항하는 만국의 프롤레타리아트의 혁명적 전쟁에 대한 필요를 인정하길 거부했다. 비합법 형태의 조직 및 선동이 위기의 시기에는 절대적 의무임을 망각하고, 부르주아 의회주의와 부르주아 합법성의 활용에 대한 필요성을 물신화시켰다. 기회주의의 자연스런 '보족물'인 아나코 생디칼리즘 경향―프롤레타리아 관점(즉 마르크스주의 관점)에 대해 기회주의자들만큼이나 적개심을 갖는 부르주아적 보족물이 이 아나코 생디칼리즘이다―은 기회주의자들 못지않게 파렴치하게 현재의 위기 시기에 배외주의 슬로건을 거드름 피우며 받아 외치는 것을 특징으로 하고 있다.

기회주의와의 단호한 단절 없이는, 기회주의의 필연적인 파산을 대중에게 설명하지 않고서는, 현 시점에서 사회주의의 목표를 달성할 수 없으며 노동자의 국제적 단결을 이룰 수 없다.

모든 나라에서 사회주의자는 해당 나라의 배외주의에 맞서 싸우는 것을 일차적 임무로 해야 한다. 러시아에서는 이 배외주의가 부르주아 자유주의자들('입헌민주주의자들')과 나로드니키 일부를 비롯하여 사회주의혁명가당[2]과 '우파' 사회민주주의자들까지 다 장악했다(특히 스미르노프[E. Smirnov], 마슬로프[P. Maslov], 플레하노프 같은 사람들의 배외주의적 발언들을 규탄해야 한다. 그들의 발언은 부르주아 '애국주의' 언론에 실려서 널리 이용되고 있다).

교전국 양대 진영 중 어느 쪽의 패배가 사회주의에 해를 적

게 끼칠 것인가를 국제 프롤레타리아트의 입장에서 결정하는
문제는 현 정세하에서는 답을 내리기가 불가능하다. 그러나 러
시아 내 모든 민족들의 노동자계급과 근로대중의 입장에서 볼
때 차르 군주제—유럽과 아시아의 가장 많은 수의 민족들과
가장 큰 규모의 주민대중을 억압하고 있는 가장 반동적이고
야만적인 정부인 차르 군주제—의 패배 쪽이 가장 해가 적으

2　농민에 기반을 둔 러시아 정당으로서 1901년 말에서 1902년 초 사이에
　　각종 나로드니키 그룹들과 서클들(사회주의혁명가연합, 사회주의혁명
　　당(Socialist-Revolutionary Party) 등)이 연합하여 창당했다. 신문《혁
　　명 러시아Revolutsionnaya Rossiya》(1900~5년)와 잡지《러시아 혁명 헤
　　럴드Vestnik Russkoi Revolutsii》(1901~5년)가 이 당의 공식 기관지였다.
　　사회주의혁명가당은 프롤레타리아트와 소소유자 사이의 계급적 차이를
　　인정하지 않았고, 농민층 내의 계급적 모순도 무시했으며 혁명에서 프롤
　　레타리아트의 지도적 역할을 부정했다. 사회주의혁명가당의 견해는 나
　　로드니키주의와 수정주의 사상들의 절충적 혼합이었다. 레닌이 말했듯
　　이, 그들은 "나로드니키 사상에서 헤진 틈을 기회주의자들 사이에 유행
　　하는 마르크스주의 '비판'의 담론 조각들로" 기워 맞추려 했다.
　　　볼셰비키당은 사회주의자로 가장하려는 사회주의혁명가당의 시도를
　　폭로하고, 농민층에 대한 영향력을 놓고 그들에게 맞서 단호하게 투쟁했
　　다. 그리고 그들의 개인 테러리즘 전술이 노동계급 운동에 얼마나 위험
　　한지를 밝혀냈다. 동시에 일정 조건에서 볼셰비키는 차리즘에 맞선 투
　　쟁에서 사회주의혁명가당과의 임시협정을 맺을 태세도 있었다. 일찍이 1
　　차 러시아 혁명(1905~7년) 당시 사회주의혁명당은 당내 우파가 떨어져
　　나와 합법적인 인민사회당을 결성했는데, 이 인민사회당의 노선은 카데
　　츠의 노선과 가까웠다. 반면 당내 좌파는 준아나키즘적인 최대강령주의
　　자동맹을 결성했다. 1907년에서 1910년 사이의 반동의 시기에 사회주
　　의혁명당은 완전한 이념적·조직적 붕괴를 맞았다. 1차 세계대전 동안에
　　는 당원들 대부분이 사회배외주의 입장을 취했다.—원서 편집자

리라는 것을 우리 러시아 사회민주주의자들이 의심할 여지는 전혀 없다.

공화제 유럽합중국 수립이 유럽 사회민주주의자들의 당면 정치 슬로건이어야 한다. 그러나 그 경우, 프롤레타리아트를 배외주의의 본류로 끌어들이기 위한 것이라면 무엇이든 '약속'할 준비가 되어 있는 부르주아지와는 달리, 사회민주주의자는 이 슬로건이 독일·오스트리아·러시아 군주제의 혁명적 타도 없이는 완전히 허위이자 무의미한 것이 되어버린다는 점을 설명할 것이다.

러시아가 가장 낙후되어 있고 아직 부르주아 혁명을 완성하지 못했으므로 철저한 민주개혁을 위한 세 가지 근본 조건, 즉 민주공화제(모든 민족의 완전한 평등 및 자결과 함께), 지주 토지의 몰수, 8시간 노동제를 실현하는 것이 여전히 이 나라 사회민주주의자의 임무다. 그러나 모든 선진국에서는 전쟁이 사회주의 혁명 슬로건을 일정에 올려놓았다. 전쟁의 부담이 프롤레타리아트의 어깨를 무겁게 짓누르면 짓누를수록, 그리고 대규모 자본주의가 거대한 기술 진보를 이루고 있는 조건 속에서 현재의 '애국주의적' 야만의 공포가 지나가고 난 뒤에 유럽 재건에서 필연적으로 프롤레타리아트가 적극적인 역할을 수행해야 한다면 그럴수록 사회주의 혁명 슬로건은 더 긴급해진다. 프롤레타리아트의 입에 재갈을 물리기 위해 부르주아지가 전시입법을 이용하고 있으므로 프롤레타리아트는 비합법 형태의 선동과 조직을 창안해내야 할 무조건적인 임무에 직면해 있다. 기회주의자들이 자신들의 신념을 배반하면서까지 합법 조직을 '보존'하려 하면 그렇게 하도록 내버려두라. 그러나 혁명적 사회민주주의자는 노동자계급의 조직 경험과 연결망을 활용하여 사회주의를 위한 투쟁의 비합법 형태들(위기의 시기에 적합한 형태들)을 창안해내고 노동자들이 각자의 '자'국 배외주의적 부르주아지와 단결하는 것이 아니라 모든 나라의 노동자들과 단결하도록 할 것이다. 프롤레타리아 인터내셔널은 실패하지 않았고, 장래에도 실패하지 않을 것이다. 모든 장애물에도 불구하고 노동자 대중은 새로운 인터내셔널을 창건할 것이다. 기회주의가 현재 거두고 있는 승리는 오래가지 못할 것이다. 노동자 대중은 전쟁이 강요한 희생이 커질수록 기회주의자들이 노동자의 대의를 배반했다는 것, 그리고 무기를 각국 정부와 부르주아지에게로 겨눠야 한다는 것을 분명히 깨닫게 될 것이다.

단 하나의 올바른 프롤레타리아 슬로건은 지금의 제국주의 전쟁을 내란으로 전화해야 한다는 것이다. 코뮌의 경험으로부터 도출되고 바젤 결의(1912년)에서 그 윤곽이 제시된 이 슬로건은 고도로 발달한 부르주아 국가들 사이에서 벌어진 제국주의 전쟁의 모든 조건들이 지시하는 결론이다. 내란으로의 전화가 임무로 주어진 상황에서, 사회주의자는 전쟁이 현실화된 이상 아무리 어려워 보일지라도 이러한 방향으로의 체계적이고 집요하고 흔들림 없는 준비 작업을 절대로 포기하지 않을 것이다.

프롤레타리아트는 오직 이 길을 따라서만 배외주의적 부르주아지에 대한 의존에서 벗어날 수 있으며, 형태와 속도의 차이는 있더라도 민족들의 진정한 자유를 향해, 그리고 사회주의를 향해 확고한 발걸음을 옮길 수 있게 될 것이다.

모든 나라 부르주아지의 배외주의와 애국주의에 반대하는 노동자의 국제적 우애 만세!

기회주의로부터 자유로워진 프롤레타리아 인터내셔널 만세!

러시아 사회민주노동당 중앙위원회

| 1914년 9월 28일(10월 11일) 이전에 집필
1914년 11월 1일자 《사회민주주의자》 33호에 발표

사회주의 인터내셔널의 현황과 임무

현 위기의 가장 심각한 특성은 유럽 사회주의 공식 대표자들의 다수가 부르주아 민족주의와 배외주의에 굴복했다는 것이다. 지극히 당연하게도, 모든 나라의 부르주아 언론이 이제는 그들에 대해 조롱과 기특하다는 투의 칭찬을 섞어가며 기사를 쓰고 있다. 여전히 사회주의자로 남아 있길 원하는 사람이라면 이 사회주의 위기의 원인을 밝혀내고 인터내셔널의 임무를 분석하는 것보다 더 중요한 의무는 있을 수 없다.

  제2인터내셔널의 위기, 보다 정확히 말하면 제2인터내셔널의 붕괴는 곧 기회주의의 붕괴임을 인정하길 두려워하는 사람들이 있다.

  예를 들어 프랑스 사회주의자들 사이에 완전한 의견일치가 이루어졌으며, 사회주의 내 기존 그룹들이 전쟁 문제에 대해 입장을 바꾼 것이 분명하다는 이야기가 떠돌고 있다. 그러나 그 같은 말들은 근거가 없다.

  계급협조의 옹호, 사회주의 혁명 이념과 혁명적 투쟁 방법의 포기, 부르주아 민족주의로의 순응, 민족과 나라의 경계선은 역사적으로 일시적인 것이라는 사실에 눈감기, 부르주아 합법성에 대한 물신화, '광범한 주민대중'(소부르주아지를 뜻하는) 이 떨어져나가는 것이 두려워 계급적 관점과 계급투쟁을 폐기하기 등이 바로 기회주의의 이데올로기적 기초임이 분명하다. 그리고 바로 그러한 토양에서 현재 대부분의 제2인터내셔널 지도자들이 드러내고 있는 배외주의적·애국주의적인 의식구조가 발전해온 것이다. 기회주의자들이 제2인터내셔널 지도부에서 우위를 점하고 있다는 것은 대단히 다양한 관점들을 대표하는 관측자들이 오래전부터 주목해온 사실이다. 전쟁은 그들이 정말로 어느 정도의 우위에 있는지를 빠르고 확연하게 드러냈을 뿐이다. 위기가 비상하리만치 첨예하여 기존 그룹들 내에서 일련의 자리바꿈이 일어난 것은 전혀 놀라울 게 없다. 그러한 변화는 단지 개인들에게 영향을 주었을 뿐, 사회주의 내 조류들은 전과 다름이 없다.

프랑스 사회주의자들 사이의 완전한 의견일치는 존재하지 않는다. 게드, 플레하노프, 에르베(Hervé) 등과 함께 배외주의 노선을 좇고 있는 바양(Vaillant)조차도, 이 전쟁이 제국주의 전쟁이며 어느 나라 부르주아지보다 프랑스 부르주아지에게 전쟁 발발의 책임이 있다고 말하는 프랑스 사회주의자들로부터 수많은 항의 편지를 받았음을 인정하지 않을 수 없었다. 또한 이러한 항의의 목소리가 승리한 기회주의에 의해서만이 아니라 군 검열에 의해서 질식되고 있다는 사실을 간과하면 안 된다. 영국의 경우 하인드먼(Hyndman) 그룹(영국의 사회민주주의자들–영국 사회당[1])은 반(半)자유주의적인 노동조합 지도자들 대부분이 그렇듯이 완전히 배외주의로 빨려들어갔다. 배외주의에 대한 저항은 기회주의적인 독립노동당[2]의 맥도널드(MacDonal)와 케어 하디(James Keir Hardie)로부터 나오고 있다. 이것은 물론 예외적인 경우다. 그러나 오래전부터 하인드먼에 반대해왔던 일단의 혁명적 사회민주주의자들은 지금은 영국

---

[1] 영국 사회당은 사회민주주의연맹이 여타 사회주의 그룹들과 통합을 이룬 뒤 1911년에 맨체스터에서 창립되었다. 영국 사회당은 마르크스주의 정신으로 선전을 수행하였고, "기회주의가 아니었으며, 자유주의자들로부터 실제로 독립적이었다."(레닌) 그러나 당원 수가 적고 대중으로부터 고립되어 있어 다소 종파주의적인 성격을 띠었다.

　　1차 세계대전 동안 국제주의 경향(윌리엄 갤러처(William Gallacher), 앨버트 잉크핀(Albert Inkpin), 존 매클린(John Maclean), 토머스 로스스타인(Thomas Rothstein) 등)과 하인드먼이 이끄는 사회배외주의 경향 간에 격렬한 투쟁이 일었다. 많은 문제들에서 국제주의 경향 내 일부가 중앙파(중도주의) 견해를 지니고 있었다. 1916년 2월에 당내 한 그룹이 신문 《더 콜The Call》을 창간하여, 국제주의적 분자들을 결집시키는 데 큰 기여를 했다. 1916년 4월 샐포드 당 대회에서 하인드먼과 그의 지지자들은 자신들의 사회배외주의적 입장이 규탄받자 당에서 떨어져나갔다.

　　영국 사회당은 러시아의 10월 사회주의 혁명을 환호로 맞이했고, 그 당원들은 소비에트 러시아에 대한 외국의 개입에 반대하는 영국 노동자들의 운동에서 두드러진 역할을 했다. 1919년에 지방 당 지부들 다수(98 대 4)가 공산주의 인터내셔널 가입을 선언했다.

　　영국 사회당과 공산주의연합 그룹이 영국 공산당 창립에 주도적인 역할을 담당했다. 1920년 1차 통합대회에서 영국 사회당 지부들의 압도적 다수가 새로 창립한 공산당과 통합했다.—원서 편집자

사회당을 떠났다. 독일의 경우를 보면, 상황은 분명하다. 기회
주의자들이 승리했다. 그들은 득의양양하다. 카우츠키가 우두
머리인 '중앙'파는 기회주의에 굴복하여 가장 위선적이고 속악
하고 잘난 척하는 궤변으로 기회주의를 옹호하고 있다. 혁명적
사회민주주의자들—메링(Mehring), 파네쿡(Pannekoek), 카를
리프크네히트(Karl liebknecht), 그리고 독일 및 독일어권 스위스
의 다수의 미확인 목소리들—로부터 항의가 터져나왔다. 이탈
리아에서도 라인업은 명확하다. 극단적 기회주의자들인 비솔
라티 일파가 '조국'을 지지하며 게드-바양-플레하노프-에르베
의 편을 든다. 《아반티!》를 선두로 한 혁명적 사회민주주의자
들은 배외주의에 맞서 싸우고 있고, 전쟁 요구의 부르주아적·
이기적 본질을 폭로하고 있다. 그들이 진보적 노동자들 대다수
의 지지를 받고 있다. 러시아에서는 청산파 진영 내 극단적 기

---

2   독립노동당은 1893년에 파업투쟁이 부활하고, 노동운동이 부르주아 당
들로부터 독립해야 한다는 움직임이 고조되면서 전개된 '신(新)노조운
동' 지도자들이 만든 개량주의 당이다. 당에는 '신노동조합' 성원들뿐만
아니라, 다수의 기존 노동조합과 페비언 협회의 영향하에 있던 직종 대
표자들 및 소부르주아지가 포함되어 있었다. 제임스 케어 하디가 이 당
의 지도자였다.

    초기부터 독립노동당은 부르주아 개량주의적 입장을 견지하여, 의
회적 투쟁 형태와 자유주의자들과의 의회 거래에 집중했다. 레닌은 이
당의 성격을 "부르주아지에 항상 의존해온 사실상 기회주의 당"("IN
Britain"(본 전집 52권에 수록—편집자))이라고 규정했다.

    1차 세계대전이 발발하자 독립노동당은 반전 선언을 발표했지만, 그
뒤 곧 사회배외주의적 입장을 취했다.—원서 편집자

회주의자들이 이미 공개강연과 언론을 통해 자신들의 목소리를 내며 배외주의를 옹호했다. 마슬로프와 스미르노프는 조국을 방어해야 한다는 구실로 차리즘을 방어하고 있다. (알다시피, 독일은 '우리'에게 칼을 겨누고 통상조약을 강요할 기세인 데 반해 차리즘은 칼과 회초리를 사용하지 않고서도 러시아 주민 90퍼센트의 경제적·정치적·민족적 생활을 질식시키고 있다!) 그들은 사회주의자가 반동적인 부르주아 정부에 참여하는 것을 정당화한다. 오늘은 전쟁공채 승인을, 내일은 군비확대를 정당화한다! 민족주의로 빠져든 플레하노프는 자신의 러시아 배외주의를 친(親)프랑스적 태도로 감추려 애쓰고 있다. 알렉신스키(Alexinsky)도 그렇게 했다. 파리의 《골로스*Golos*》[3]를 보고 판단해볼 때 마르토프(Martov)는 나머지 무리보다는 품위를 지키며 행동하고 있고, 독일 배외주의와 프랑스 배외주의 둘 다에 대해, 그리고 《포어베르츠》와 하인드먼 씨, 마슬로프 씨에 대해서도 반대하고 있다. 그러나 그는 국제기회주의 전체에 대해, 그리고 이 국제기

3 '목소리'라는 뜻. 1914년 9월부터 1915년 1월까지 파리에서 발행된 멘셰비키 일간지로서 중도주의 노선을 추종했다.

1914~8년의 전쟁 초기에 《골로스》에는 사회배외주의자들을 겨냥한 마르토프의 글 몇 편이 실렸다. 마르토프가 우파로 넘어간 뒤 이 신문은 사회배외주의자들을 옹호했고, "사회배외주의에 대해 돌이킬 수 없이 적대적으로 된 사람들에게 좀 더 가까이 가는 것보다 사회배외주의자들과 연합하는 것"을 더 선호했다.

1915년 1월에 《골로스》는 발행을 중단했으며 대신 《나셰 슬로보 *Nashe Slovo*》('우리의 말'이라는 뜻)가 발행되었다.—원서 편집자

회주의의 가장 '영향력 있는' 수호자인 독일 사회민주당 중도주의 그룹('중앙'파)에 대해 단호히 반대하고 나서는 것은 두려워하고 있다. 군복무 자원을 사회주의적 의무 이행이라고 강변하려는 시도(사회민주주의자들과 사회주의혁명가당 당원들로 구성된 러시아인 자원병 집단의 파리 선언을 보라. 또한 레더(Leder)를 비롯한 폴란드 사회민주주의자들의 선언도 보라)는 플레하노프 혼자만 지지했다. 우리 당 파리 그룹4 다수는 이 시도들을 규탄했다. 《사회민주주의자》이번 호의 기조논문인 「전쟁과 러시아 사회민주주의」는 독자들이 우리 당 중앙위원회의 입장을 알 수 있게 해줄 것이다. 어떠한 오해도 발생하지 않도록 여기서 우리 당의 견해 및 그것을 정식화한 역사와 관련하여 다음의 사실들을 설명하는 것이 필요하겠다. 전쟁에 의해 단절된 조직 접촉선을 재구축하는 데 따르는 엄청난 어려움을 극복한 뒤 당원들 한 그룹이 먼저 '테제'를 작성하여 9월 6~8일(신력)에 그것을 동지들 사이에

4 파리 그룹 또는 러시아 사회민주노동당 지원 그룹은 1908년 11월 5일 (18일)에 결성되었다. 멘셰비키와 볼셰비키 공동의 파리 그룹으로부터 분리하여 볼셰비키만으로 구성되었으며, 나중에 친당(親黨) 멘셰비키와 《브페료드Vperyod》지지자들이 합류했다.

    전쟁 동안 이 그룹은 N. A. 세마시코(Semashko), M. F. 블라디미르스키(Vladimirsky), I. F. 아르망(Armand), S. I. 고프너(Gopner), L. N. 스탈(Stal), V. K. 타라툴라(Taratula), A. S. 샤포발로프(Shapovalov) 등으로 구성되었다. 레닌의 주도로 이 그룹은 국제주의 입장을 취하여 제국주의 전쟁과 기회주의자들에 맞서 정력적으로 투쟁했다.—원서 편집자

유통시켰다. 그리고 스위스 사회민주주의자들의 도움으로 이탈리아-스위스 당 합동회의(9월 27일, 루가노에서 개최)에 대표단으로 참가했다. 10월 중순이 되어서야 비로소 접촉선을 재구축하고 당 중앙위원회의 관점을 정식화하는 것이 가능해졌다. 이번 호의 기조논문은 '테제'의 최종본을 대표한다.

이것이 간단히 말해 유럽 및 러시아 사회민주주의 운동의 현황이다. 인터내셔널의 붕괴는 기정사실이다. 이 사실은 프랑스와 독일의 사회주의자들 간 출판물상의 논쟁으로 최종적으로 입증되었고, 좌파 사회민주주의자들(메링과 《브레머 뷰르거차이퉁》)에 의해서만이 아니라 온건한 스위스 신문들(《폴크스레히트》)에 의해서도 인정되었다. 이러한 붕괴를 덮어 가리려는 카우츠키의 시도는 비겁한 속임수다. 인터내셔널의 붕괴는 명백히, 지금 부르주아지의 포로가 되어 있는 기회주의의 붕괴다.

부르주아지의 입장은 분명하다. 또한 기회주의자들이 부르주아지의 주장을 그대로 받아서 되풀이하고 있을 뿐이라는 것도 그 못지않게 분명하다. 기조논문에서 말한 것에 덧붙인다면, 한 나라의 노동자가―이른바 조국 방위를 위해!―다른 나라의 노동자를 총으로 쏴 죽이는 것이 국제주의라고 암시하는 《노이에 차이트》의 극악한 성명을 언급하는 것으로 충분할 것이다.

조국 문제는―이 문제에 대해 우리는 기회주의자들에게 응답하게 될 것이다―현 전쟁의 구체적 역사 성격을 제대로 고찰하지 않고는 제기될 수 없다. 이 전쟁은 제국주의 전쟁이다. 즉 자본주의가 최고로 발전한 시대에, 자본주의가 종말로 다가가고 있는 시대에 수행되고 있는 전쟁인 것이다. 『공산당 선언』은 노동자계급이 먼저 "국민적 계급으로 올라서야 한다"고 선언하면서, 민족과 조국을 부르주아 체제의, 부르주아 조국의 필수적 형태로 우리가 인정하는 것에 내재된 한계와 조건을 강조한다. 기회주의자들은 자본주의의 발생기에 진실이었던 것을 자본주의의 종말기로 확장함으로써 『공산당 선언』이 강조한 진실을 왜곡한다. 자본주의의 종말기와 관련하여, 그리고 봉건제가 아니라 자본주의를 파괴하기 위한 투쟁에서의 프롤레타리아트의 임무와 관련하여 『공산당 선언』은 명료하고 정확한 정식을 제시한다. "노동자에게는 조국이 없다." 기회주의자들이 왜 이 사회주의적 명제를 받아들이는 것을, 심지어 대부분의 경우에 그 명제를 열어놓고 고려하는 것마저 그토록 두려워하는지는 누구나 잘 알 수 있다. 사회주의 운동은 조국이라는 낡은 틀 내에서는 승리할 수 없다. 사회주의 운동은, 각 민족 노동대중의 정당한 필요와 진보적 열망이—기존의 민족적 칸막이가 제거됨에 따라—국제적 단결을 통해 처음으로 충족되는, 새롭고 우월한 형태의 인간 사회를 창조한다. 위선적인 '조국 방위' 호소를 통해 각 민족 노동대중을 분열시키고 단결을 깨뜨리려는 작금의 부르주아지의 시도에 대해, 계급적으로 각성한 노동자들은 거듭 새로운 불굴의 노력으로 모든 민족의 노동자들을 부르주아지의 지배를 타도하는 투쟁으로 단결시키는 것으로 응답할 것이다.

부르주아지는 제국주의적 약탈을 '민족 전쟁'이라는 낡은 이데올로기로 위장하여 대중을 속이고 있다. 이러한 사기는 제국주의 전쟁을 내란으로 전화시키라는 슬로건을 내건 프롤레타리아트에 의해 낱낱이 폭로되고 있다. 이것은 슈투트가르트 선언과 바젤 선언의 슬로건이었다. 전쟁 일반이 아니라 정확히 지금의 전쟁을 염두에 둔 그 선언들은 '조국 방위'가 아니라 '자본주의의 몰락을 재촉할 것'에 대해, 전쟁이 낳은 위기를 이 목적에 활용할 것에 대해, 파리 코뮌이 제공한 실례(민족들의 전쟁이 내란으로 전화한 실례)에 대해 호소했다.

물론 그러한 내란으로의 전화는 쉬운 문제가 아니며 하나의 당 또는 다른 한 당의 일시적 기분으로 수행될 수 있는 것이 아니다. 그러나 이 내란으로의 전화는 자본주의 일반 및 특수하게는 자본주의 종말기의 객관적 조건에 내재적인 것이다. 그렇다면 사회주의자는 이 방향으로, 오직 이 방향으로만 자신의 활동을 수행해나가지 않으면 안 된다. 전쟁공채에 투표하거나 '자'국(및 동맹국)에서 배외주의를 부추기는 것은, 당연히 사회주의자가 할 일이 아니다. 그러나 이를 넘어 무엇보다도 우선적으로 '자'국 부르주아지의 배외주의와 투쟁하는 데서 위기가 무르익어 부르주아지 스스로가 자신이 만들어낸 합법성을 부정해버릴 때는 합법적인 투쟁 형태에 자신을 가두지 않는다는 것, 이것이 바로 내란으로 이끌어갈 활동지침이며, 전 유럽에서 전쟁이 상승하는 시기 중 그 어떤 시점에서 내란을 유발할 것인가 하는 활동지침이다.

전쟁은 우연히 일어나는 사건이 아니며, 기독교 목사들(애국과 인류와 평화를 설교함에 있어 조금도 기회주의자들에게 뒤지지 않는)이 생각하는 것과 같은 '죄악'이 아니다. 전쟁은 자본주의의 불가피한 단계로서, 평화만큼이나 **자본주의적 생활방식의 적법한 형태다. 오늘날의 전쟁은 인민의 전쟁이다. 이 진실로부터 나오는 결론은 우리가 '인민적'인 배외주의 흐름과 함께 헤엄쳐야 한다는 것이 아니라, 민족을 분할하는 계급모순이 전시에도 계속해서 존재하고 전쟁의 조건 속에서 스스로를 발현시킨다는 것이다. 병역거부나 반전총파업 등은 정말 어리석은 짓이며, 무장한 부르주아지에 맞서 비무장으로 싸우려고 하는 가련하고 겁먹은 몽상이고, 필사적인 내란 또는 일련의 전쟁들 없이 자본주의가 파괴되기를 바라는 헛된 소망이다. 군대에서도 계급투쟁에 대한 선전을 수행하는 것이 모든 사회주의자들의 의무다. 민족들의 전쟁을 내란으로 전화시키는 방향으로 바꿔나가는 것, 이것이 모든 나라 부르주아지의 제국주의적 무장충돌의 시대에 필요한 유일한 사회주의적 활동이다. '어떠한 희생을 치르더라도 평화를!'이라는 역겹게 경건한 체하는 얼빠진 호소를 타도하라! 내란의 깃발을 치켜들자! 제국주의가 유럽 문화의 운명을 걸고 도박을 하고 있다. 일련의 성공적인 혁명이 일어나지 않으면, 이 전쟁에 이어 곧 또 다른 전쟁들이 그 뒤를 이을 것이다. 이것이 '마지막 전쟁'이라는 이야기는 공허하고 위험한 거짓말이며, 한 편의 속물적인 '신화'(《골로스》가 적절하게 표현했듯이)다. 프롤레타리아트의 내란 깃발은 계급적으로 각성한 수십만의 노동자들뿐만 아니라 수백만의 반(半)프롤레타리아와 소부르주아를 결집시킬 것이다. 후자는 지금 배외주의에 속고 있지만, 전쟁의 공포는 그들을 위협하고 절망으로 짓누를 뿐만 아니라 계몽하고 가르치고 분기시키고 조직하고 단련시켜서 '자'국과 '외'국 부르주아지에 대항하는 전쟁을 준비하게 할 것이다. 그리고 이러한 일들은 오늘이 아니면 내일, 전쟁 중에가 아니면 전쟁 후에, 이번 전쟁에서가 아니면 다음 전쟁에서 일어날 것이다.

제2인터내셔널은 죽었다. 기회주의에 의해 내부로부터 무너졌다. 기회주의 타도! 제3인터내셔널 만세! '배반자들'을 숙정(《골로스》가 바라듯이)할 뿐 아니라 기회주의도 숙정하여 정화된 제3인터내셔널 만세!

제2인터내셔널은 19세기의 마지막 3/3분기와 20세기의 초에 가장 야수적인 자본주의 노예제와 가장 급속한 자본주의 발전이 결합된 장기간의 '평화적'인 시기 동안 프롤레타리아 대중을 사전 조직하는 유용한 준비 작업에서 자기 몫을 했다. 이제 제3인터내셔널에게 주어진 임무는 자본주의 정부들을 겨냥한 혁명적 공격을 위해, 모든 나라 부르주아지에 대항해 정치권력을 장악하려는 내란을 위해, 사회주의의 승리를 위해 프롤레타리아 무력을 조직하는 것이다!

| 《사회민주주의자》 33호, 1914년 11월 1일

《포어베르츠》와
빈의 《노동자 신문》에
보내는 편지

존경하는 동지들께

며칠 전 《포어베르츠》는 전쟁과 사회주의라는 주제에 관한 짧은 기사를 한 편 게재했습니다. 그 기사는 내가 취리히에서 읽은 신문에 대해 언급하고 있는데, 그 신문에 대한 전적으로 그릇된 인상을 전달하고 있습니다. 내가 차리즘에 반대하는 논쟁으로 글을 제한하고 있다는 인상을 주고 있는 것입니다. 그러나 실제로는, 자국(적국만이 아니라)의 배외주의와 애국주의에 반대하여 가차 없는 투쟁을 수행하는 것이 모든 나라 사회주의자들의 의무임을 확신하는 사람으로서 나는 차리즘을 맹렬히 공격했고, 그러한 맥락에서 우크라이나의 자유에 대해 발언한 것입니다. 그러나 내가 독일과 오스트리아의 사회민주주의자들이 취한 입장에 반대하여 기회주의와 제2인터내셔널의 붕괴에 대해 말한 것에 대해 아무런 언급도 하지 않는다면, 내 논지의 의미는 완전히 왜곡될 소지가 있습니다. 두 시간에 걸친 내 보고의 10분의 9가 이 비판을 다룬 것입니다.

내가 밝힌 누락 부분을《포어베르츠》에(또는……) 게재해주시면 감사하겠습니다.[1]

사회민주주의적 인사를 보내며

---

[1] 여기서 말하는 레닌의 보고에 대한 기사는 1914년 11월 10일자《포어베르츠》308호와 11월 7일자 빈의《노동자 신문》309호에 게재된 것이다. 1914년 11월 22일,《포어베르츠》편집국은 레닌의 편지에 답하는 짧은 글을 게재하여, 레닌의 보고가 독일과 오스트리아의 사회민주주의자들이 취한 입장을 비판했으며 제2인터내셔널의 붕괴에 대한 평가를 제시했다고 밝혔다.─원서 편집자

마르크스

간략한 전기와 마르크스주의 해설

이 글은 레닌이 당시 러시아에서 가장 인기 있었던 『그라나트 백과사전』의 의뢰를 받아 집필한 것이다. 이 글이 1918년에 별개의 소책자로 출간되었을 때 그 소책자의 서문에서 레닌은 이 글의 집필 연도를 1913년으로 기억한다고 했다. 그러나 실제로는 1914년 봄에 포로닌에서 집필을 시작했다가, 당과 《프라우다*Pravda*》를 지도하는 일로 너무 바빠서 작업을 중단했다. 베른으로 이주한 뒤인 그해 9월에야 집필 작업이 재개되어 11월 중순에 끝났다.

이 글은 1915년에 백과사전 28권에 부록 「마르크스주의 문헌 해제」와 함께 실려 출판되었다. 필자로 기재된 이름은 V. 일리인(Ilyin)이었다. 이때 검열을 이유로 편집자가 '사회주의'와 '프롤레타리아트 계급투쟁의 전술'이라는 제목의 두 장을 누락시켰고, 원문의 여러 곳을 고쳤다.

1918년에 프리보이 출판사가 원문 내용 그대로 소책자로 출간했는데, 이때는 「마르크스주의 문헌 해제」가 빠졌다.

소련공산당 중앙위원회 부속 레닌연구소가 1925년에 레닌 논문집 『마르크스, 엥겔스, 마르크스주의*Marx, Engels, Marxism*』를 출간했는데, 여기에 처음으로 글 전문이 초고 그대로 실렸다.—원서 편집자

1918년 프리보이판 서문

지금 여기 단행본으로 출간되는 카를 마르크스에 관한 이 글은 원래 『그라나트 백과사전』에 싣기 위해 1913년에(내 기억으로는) 쓴 것이다. 글의 말미에는 부록으로 마르크스에 관한 문헌(대부분 외국 문헌이다)을 꽤나 세세하게 열거해놓은 문헌 해제가 첨부되어 있었다. 지금 이 판에는 그것이 빠져 있다. 『백과사전』의 편집자는 검열을 이유로 마르크스에 관한 글의 끝부분, 말하자면 그의 혁명적 전술을 다룬 부분을 삭제했다. 불행히도 그 초고가 크라코프나 스위스의 어딘가에 있는 내 서류더미 속에 있기 때문에 그 끝부분을 여기에 실을 수가 없다. 다만 글의 결론 부분에서 마르크스가 엥겔스에게 보낸 1856년 4월 16일자 편지의—그 중 특히—한 구절을 인용한 기억이 날 뿐이다. "독일에서는 일종의 농민 전쟁의 재판(再版)에 의해 프롤레타리아 혁명을 뒷받침할 수 있느냐의 여부에 모든 것이 달려 있습니다. 그리되면 일이 근사해질 것입니다." 지금 사회주의를 완전히 배반하고 부르주아지에게 도망친 우리의 멘셰비키가 1905년 이래 이해하지 못하고 있는 것이 바로 이것이다.

마르크스의 탄생

카를 마르크스는 1818년 5월 5일(신력) 트리어 시(프로이센 라인 주)에서 태어났다. 그의 아버지는 변호사로, 1824년에 신교로 개종한 유대인이었다. 가정은 유복하고 교양이 있었으나, 혁명적이지는 않았다. 마르크스는 트리어에 있는 고등학교(김나지움)를 졸업한 후 처음에는 본, 나중에는 베를린의 대학에 들어가 법학을 전공했지만, 집중해서 연구한 것은 역사와 철학 쪽이었다. 1841년에 대학과정을 마치고서, 에피쿠로스의 철학에 관한 학위논문을 제출했다. 당시 마르크스는 헤겔파 관념론자였다. 베를린에서 그는 헤겔 철학으로부터 무신론적이고 혁명적인 결론을 끌어내고자 한 '헤겔 좌파'(브루노 바우어 (Bruno Bauer) 등) 서클에 속해 있었다.

졸업 후, 마르크스는 교수가 되기 위해 본으로 이주했다. 그러나 정부가 1832년에 루트비히 포이어바흐(Ludwig Feuerbach)의 강좌를 강제로 없애고 1836년에는 그가 대학에 복귀하지 못하도록 막고 1841년에는 소장 교수 브루노 바우어가 본에서 강의하는 것을 금지하는 등의 반동적인 정책을 펴는 것을 본 마르크스는 학자의 길을 포기하지 않을 수 없었다. 그때는 헤겔 좌파의 견해가 독일에서 급속히 영향력을 확대하고 있을 때였다. 특히 포이어바흐는 1836년 이후 신학을 비판하며 유물론으로 돌아서기 시작했다. 1841년에 이르자 그의 철학에서 유물론이 우세를 차지했다(『기독교의 본질*The Essence of Christianity*』). 1843년에는 『미래 철학의 원칙들*Principles of the Philosophy of the Future*』이 출간되었다. 엥겔스는 나중에 포이어바흐의 이 저작들에 대해 이렇게 말했다. "이 책들을 읽은 사람은 누구나 해방적 영향을 체험했을 것이다." "우리들(즉 마르크스를 포함하여 헤겔 좌파) 모두는 즉시 포이어바흐 학도가 되었다." 당시 헤겔 좌파와 접촉하고 있던 라인의 몇몇 급진적 부르주아들이 쾰른에서 《라인 신문*Rheinische Zeitung*》(1842년 1월 1일에 첫호가 나왔다)이라는 제호의 반정부적 신문을 창간했다. 마르크스와 브루노 바우어는 이 신문의 주요 기고가로 초빙되었다. 마르크스는 1842년 10월에 이 신문의 편집장이 되어 본에서 쾰른으로 이주했다. 이 신문의 혁명적 민주주의 경향은 마르크스가 편집장으로 재직하면서 더욱 뚜렷해졌다. 이중삼중으로 이 신문을 검열하던 정부는 1843년 4월 1일자로 신문 폐간을 명령했다. 마르크스는 이 날짜 전에 편집장 자리에서 물러나지 않으면 안 되었는데, 그러나 그의 사직으로도 신문을 구할 수는 없었고 결국 1843년 3월에 발간이 중지됐다. 마르크스가 《라인 신문》에 기고한 주요 글들 중에서 엥겔스는—이 글 말미에 제시한 논문들(문헌 해제를 보라) 외에—모젤 강 유역의 포도 재배 농민의 실태에 관한 논문[1]을 지목하고 있다. 마르크스는 언론인으로서의 활동을 통해 자신이 경제학에 대해 충분한 인식을 갖고 있지 못하다는 판단을 내렸고, 그후 경제학 연구에 전념했다.

1843년에 마르크스는 크로이츠나흐에서 어릴 적부터 친구였으며 재학 중에 약혼한 예니 폰 베스트팔렌과 결혼했다. 그의 아내는 반동적인 프로이센 귀족 가문 출신이었고, 그녀의 오빠는 가장 반동적인 시기인 1850~8년에 프로이센의 내무대신을 지냈다. 1843년 가을에 마르크스는 파리로 이주하여, 그곳에서 아놀드 루게(Arnold Ruge, 1802~80년 헤겔 좌파, 1825~30년 수형 생활, 1848년 이후 망명, 1866~70년 이후 비스마르크파)와 함께 급진적 잡지를 발행했다. 이 잡지 《독불연보 Deutsch-Französische Jahrbücher》[2]는 첫호만 나오고 더 이상 발행되지 못했다. 비밀리에 독일에 배포하는 것이 어려웠던데다 루게와의 의견불일치 때문에 발간이 중단된 것이다. 《독불연보》에 발표된 마르

---

1 Karl Marx, "Justification of the Correspondent from the Mosel".—원서 편집자

2 파리에서 독일어로 발행되었는데, 1844년 2월에 나온 첫호에는 마르크스와 엥겔스가 유물론과 공산주의로 최종적으로 넘어가는 지점을 보여주는 논문들이 실려 있다. 잡지 발행이 중단된 것은 주로 마르크스와 부르주아 급진파인 루게 간의 기본적인 의견 차이 때문이었다.—원서 편집자

크스의 글들은 그가 이미 혁명가로서 '현존하는 모든 것에 대한 가차 없는 비판'과, 특히 "무기에 의한 비판"[3]을 주창하며, 대중과 프롤레타리아트에게 호소하고 있는 모습을 보여준다.

1844년 9월에 프리드리히 엥겔스가 며칠간 파리에 와 있었는데, 이때부터 그는 마르크스의 가장 가까운 친구가 되었다. 두 사람 모두 파리를 근거지로 한 당시 혁명적 그룹들의 생기 넘치는 생활에 아주 적극적으로 참가했다(당시 프루동 (Proudhon)[4]의 학설이 특히 중요했는데, 마르크스는 『철학의 빈곤Poverty of Philosophy』(1847년)을 써서 이 프루동 학설을 자근자근 논파했다). 마르크스와 엥겔스는 소부르주아 사회주의의 각종 학설과 정력

---

3 레닌 주 마르크스의 「헤겔 법철학 비판 서설Critique of the Hegelian Philosophy of Right: Introduction」에 나오는 문구다. 관련 문장은 다음과 같다. "비판의 무기가 무기에 의한 비판을 대신할 수 없다는 것은 물론이다. 물질적 힘은 물질적 힘에 의해 전복되어야 한다. 그러나 이론 또한 그것이 대중을 사로잡자마자 물질적 힘으로 전화된다."

4 프루동주의는 마르크스주의에 적대적인 비과학적 소부르주아 사회주의 조류로서, 프랑스의 아나키스트 피에르 조제프 프루동의 이름을 따서 이렇게 불렸다. 프루동은 소부르주아 입장에서 대규모 자본주의적 소유를 비판하고, 소규모 사적소유의 영구화를 꿈꾸었다. 그는 '인민의' '교환' 은행 창설을 제안하여, 이것의 도움으로 노동자가 생산수단을 획득하고 수공업자가 되어 생산물이 공정하게 판매되도록 보장할 수 있다고 주장했다. 프루동은 프롤레타리아트의 역사적인 역할을 이해하지 못해 계급투쟁과 프롤레타리아 혁명과 프롤레타리아 독재에 대해 부정적인 태도를 보였다. 아나키스트로서 그는 국가의 필요를 부정했다. 마르크스는 자신의 저작 『철학의 빈곤』에서 프루동주의를 가차 없이 비판했다.—원서 편집자

적인 투쟁을 벌임으로써 혁명적 **프롤레타리아 사회주의** 또는
공산주의(마르크스주의)의 이론과 전술을 정립했다. 이 글 말미
의 문헌 해제에 있는 이 시기(1844~8년)의 마르크스 저작들을
보라. 프로이센 정부의 요구에 의해, 1845년에 마르크스는 위
험한 혁명가로 낙인찍혀 파리에서 추방당해 브뤼셀로 이주했
다. 1847년 봄 마르크스와 엥겔스는 비밀 선전단체인 공산주
의자동맹5에 참여했다. 그들은 동맹의 2차 대회(1847년 11월 런
던에서 개최)에서 두드러진 역할을 담당했다. 동맹의 위임으로
그들은 저 유명한『공산당 선언』을 기초하여, 1848년 2월에 발
표했다. 이 선언은 천재적 명석함과 탁월함으로 새로운 세계관,
즉 사회 생활의 영역까지 포괄한 철두철미한 유물론, 발전에
관한 전면적이고 가장 심오한 학설로서의 변증법, 계급투쟁과
새로운 공산주의 사회의 창조자로서 프롤레타리아트의 세계
사적인 혁명적 역할에 관한 이론을 개관하고 있다.

　1848년 2월 혁명이 일어나자 마르크스는 벨기에에서도 추
방당했다. 그는 다시 파리로 돌아왔으나 3월 혁명 후에는 파
리를 떠나 독일로, 그것도 바로 쾰른으로 건너갔다. 쾰른에서

5　1847년 6월 초 런던에서 마르크스와 엥겔스의 지도하에 창설된 프롤레
　타리아트 최초의 국제 공산주의 조직.
　　공산주의자동맹은 국제노동자협회(제1인터내셔널)의 전신이었다.
　1852년 11월까지 존속했고, 주요 성원들은 나중에 제1인터내셔널에서
　주도적인 역할을 했다.—원서 편집자

《신라인 신문*Neue Rheinische Zeitung*》[6]이 1848년 6월 1일부터 1849년 5월 19일까지 발간되었다. 이 신문의 편집장이 마르크스였다. 새로운 이론은 1848~9년의 혁명적 사건들의 경과에 의해 그 옳음이 확인되었고, 그후 세계 각국의 모든 프롤레타리아 운동과 민주주의 운동에 의해서도 확인되었다. 하지만 반혁명이 승리함에 따라 마르크스는 기소되었다가 1849년 2월 9일 기소가 풀렸고, 1849년 5월 16일에는 독일에서 추방당했다. 마르크스는 처음에 파리로 건너갔으나, 1849년 6월 13일 시위운동 뒤에는 이곳에서도 추방되어 런던으로 가서 죽을 때까지 그곳에 거주했다.

망명 생활은 마르크스와 엥겔스 사이에 오간 『왕복서한집 *Marx-Engels Correspondence*』(1913년에 출판)이 잘 보여주고 있듯이 대단히 어려웠다. 마르크스와 그의 가족은 경제적 궁핍에 짓눌렸다. 엥겔스의 부단하고도 헌신적인 재정적 지원이 없었더라면 마르크스는 『자본*Capital*』을 완성하지 못했을 것임은 물론이고, 물질적 곤궁의 압박으로 쓰러졌을 것이다. 게다

6   1848년 6월 1일부터 1849년 5월 19일까지 마르크스와 엥겔스의 주도로 쾰른에서 발행되었다. 마르크스가 편집장이었다. 레닌은 《신라인 신문》을 "혁명적 프롤레타리아트의 최상의, 타의 추종을 불허하는 기관지"라고 표현했다. 경찰의 탄압과 방해에도 불구하고 신문은 혁명적 민주주의의 이익과 프롤레타리아트의 이익을 굳건히 옹호했다. 1849년 5월에 마르크스가 프로이센에서 추방당하고, 다른 편집자들도 탄압을 받아 《신라인 신문》의 발행이 중단될 수밖에 없었다.―원서 편집자

가 마르크스는 소부르주아 사회주의와 비프롤레타리아 사회주의 일반의 지배적 교의와 경향에 대해 지속적으로 가차 없는 투쟁을 벌이며, 때로는 극히 악랄하고 터무니없는 인신공격에 맞서야만 했다(『포크트 씨*Herr Vogt*』[7]). 마르크스는 여러 군소 망명자 그룹을 떠나, 일련의 역사적 저작들(문헌 해제를 보라) 속에서 유물론적 교의를 발전시켰고, 동시에 경제학 연구에 온 힘을 기울였다. 마르크스는 『정치경제학 비판*A Contribution to the Critique of Political Economy*』(1859년)과 『자본』(1권은 1867년 간행)에서 과학을 혁명적으로 바꾸어냈다(뒤에 나오는 '마르크스의 학설'을 보라).

1850년대 말과 1860년대는 민주주의 운동이 부활하던 시기로서, 마르크스를 다시 실천 활동으로 끌어들였다. 1864년(9월 28일)에 저 유명한 제1인터내셔널, 즉 국제노동자협회가 런던에서 창립되었다. 마르크스는 이 협회의 중심인물이었으며, 그 최초의 선언과 일련의 결의와 성명, 선언의 기초자였다. 마르크스는 각국의 노동자 운동을 하나로 결합시키고 각종 형태의 비프롤레타리아적인, 마르크스 이전의 사회주의(마치니〔Mazzini〕, 프루동, 바쿠닌〔Bakunin〕, 영국의 자유주의적 노동조합주의, 독일에서 라살〔Lassallean〕파의 우경적 동요 등)를 공동행동의 길에

7 마르크스의 소책자로, 포크트가 쓴 마르크스 비방서 『알게마이네 차이퉁》에 대한 나의 소송*My Process Against "Allgemeine Zeitung"*』에 대한 답변으로 씌어졌다.—원서 편집자

끌어들이려고 노력했다. 그는 또한 이들 모든 종파와 군소학파의 이론과 투쟁하면서 각국 노동자계급의 프롤레타리아적 투쟁을 위한 통일적인 전술을 벼려냈다. 그러나 마르크스가 『프랑스 내전The Civil War In France』(1871년)에서 그토록 심원하고 선명하며 눈부시게 **효과적**이고 혁명적인 분석 평가를 한 파리 코뮌(1871년)이 몰락한 후에는, 그리고 바쿠닌[8]파에 의해 인터내셔널이 분열되어버린 후에는 유럽에서 인터내셔널의 존속이 불가능해졌다. 인터내셔널 헤이그 대회(1872년) 이후 마르크스는 인터내셔널 총평의회를 뉴욕으로 옮겼다. 제1인터내셔널은 그 역사적 역할을 다하고, 세계 각국 노동운동의 엄청난 성장의 시대에, 즉 노동운동의 **폭**이 훨씬 넓어지고 각 민족국가를 기반으로 하여 대중적인 사회주의 노동자 당이 건설되는 시대에 자리를 내주게 되었다.

인터내셔널에서의 정열적인 활동과 더욱 정열적인 이론 연구가 마르크스의 건강을 결정적으로 파괴했다. 그는 경제학에 대한 새로운 연구와 『자본』의 완성을 위해 쉬지 않고 작업을 계속하였고, 이를 위해 수많은 최신 자료들을 수집하고 몇 개 언어(예를 들면 러시아어)를 연구했으나, 병 때문에 『자본』을 완성할 수는 없었다.

1881년 12월 2일에 그의 부인이 죽었다. 1883년 3월 14일,

---

8   미하일 바쿠닌은 아나키즘 이론가로서 마르크스주의와 과학적 사회주의에 적대적이었다.─원서 편집자

마르크스는 자신의 의자에 앉은 채로 고요히 영면했다. 그는 런던 하이게이트 묘지의 부인 곁에 묻혔다. 마르크스의 자녀들 중 몇 명은 가족이 경제적 곤궁으로 고통받고 있던 때에, 어린 나이로 런던에서 죽었다. 세 딸들은 각기 영국과 프랑스의 사회주의자와 결혼했다. 엘리너 아벨링(Eleanor Aveling), 로라 라파르그(Laura Lafargue), 예니 롱게(Jenny Longuet)가 바로 그녀들이다. 예니의 아들은 프랑스 사회당의 당원이다.

마르크스의 학설

마르크스주의는 마르크스의 견해와 학설의 체계다. 마르크스는 인류의 가장 선진적인 세 나라에서 생겨난 19세기의 3대 사상적 조류의 계승자이자 천재적인 완성자였다. 3대 사상적 조류란 독일 고전철학, 영국의 고전경제학, 프랑스의 혁명적 학설 일반과 결합되어 있는 프랑스 사회주의다. 마르크스의 견해는 그의 적들조차도 인정하지 않을 수 없을 정도로 철저하게 일관되고 정연한 체계를 갖고 있으며, 세계의 모든 문명국 노동운동의 이론과 강령으로서, 현대 유물론 및 현대 과학적 사회주의다. 따라서 우리는 마르크스주의의 주요 내용, 즉 마르크스의 경제학설을 서술하기 전에 먼저 그의 세계관 일반을 간략하게 살펴볼 필요가 있다.

철학적 유물론

마르크스는 자신의 견해를 정립한 1844~5년 이후로 유물론자였으며, 특히 루트비히 포이어바흐의 추종자였다. 그때부터 마르크스는 포이어바흐의 유물론의 약점은 단지 일관됨과 포괄성이 충분치 못한 것뿐이라고 보았다. 마르크스는 포이어바흐의 세계사적이고 '획기적'인 의의를, 헤겔적 관념론과 결정적으로 단절하고 유물론을 선언한 데에서 찾았다. 유물론은 이미 "18세기에, 특히 프랑스에서 기존 정치제도 및 종교와 신학에 대한 투쟁일 뿐만 아니라, 모든 형이상학('깨어 있는 철학'과는 구별되는 '술 취한 사변'이라는 의미에서)에 대한 투쟁이었다."(『유고집Literarischer Nachlass』 중의 『신성가족The Holy Family』9) 마르크스는 다음과 같이 썼다. "헤겔에게는, 그가 '이념'이라는 이름 아래 자립적인 주체로까지 전화시킨 사고 과정이 현실적인 것의 데미우르고스(창조주, 조물주)다. …… 나에게는 이와는 반대로 관념적인 것은 인간 두뇌 속에 옮겨져 번역된 물질적인 것 외에 아무것도 아니다."(『자본』 1권, 2판 후기) 프리드리히 엥겔스는 마르크스의 이 유물론 철학과 완전한 의견일치를 이룬 가운데, 자신의 저작 『반뒤링론Anti-Dühring』에서(마르크스는 이 저작을 원고 단계에서 읽었다) 다음과 같이 쓰고 있다. "세계의 통일은 그것의 존재에 있는 것이 아니라 그것의 물질성에 있다. 그리고 이 물질성은 …… 철학과 자연과학의 장구한 발전이 증명하고 있다. …… 운동은 물질의 존재 양식이다. 운동 없는 물질, 물

9   레닌 주 『신성가족』 8장을 보라.

질 없는 운동은 어디에도 없었고, 또 있을 수도 없다. …… 그러나 사고와 의식은 도대체 무엇인가, 그리고 어디에서 생겨나는 것인가? 그것들은 인간 두뇌의 산물이며, 인간 그 자체가 자연의 한 산물로서 자신의 환경 속에서 환경과 더불어 발전해왔다는 것이 분명하다. 따라서 인간 두뇌의 산물도 결국은 바로 자연의 산물인 까닭에 자연의 다른 연관들과 모순이 아니라 조응을 이루는 것이 자명한 일이다."

"헤겔은 관념론자였다. 말하자면, 그의 두뇌 속의 사고는 그에게 현실의 사물이나 과정의 추상적인 영상(Abbilder, 반영. 엥겔스는 때때로 '모사(imprints)'라고도 말하고 있다)이 아니다. 오히려 사물과 그 발전이, 세계가 생겨나기 전에 어디에서인가 이미 존재한 '이념'의 현실화된 영상일 뿐이다."

『루트비히 포이어바흐*Ludwig Feuerbach*』는 엥겔스가 포이어바흐의 철학에 대한 자신과 마르크스의 견해를 설명한 책으로서, 1844~5년에 헤겔과 포이어바흐와 유물론적 역사관의 문제에 대해 자신과 마르크스가 함께 쓴 옛 초고를 새로 다시 통독한 뒤에 출판한 것이다. 엥겔스는 이 책에서 다음과 같이 쓰고 있다.

모든 철학, 특히 근대 철학의 가장 큰 근본 문제는 …… 사유와 존재의, 정신과 자연의 관계 문제, …… 무엇이 근원적인 것인가, 정신인가 아니면 자연인가 하는 문제다. …… 이 문제에 어떻게 대답하느냐에 따라 철학자들은 양대 진영으로 나누어진다. 자연보다 정신이 근원적이라고 주장하고, 그리하여 결국은 세계의 창조를 어떤 식으로든 인정하고 있는 사람들은 …… 관념론 진영을 이루고 있다. 자연을 근원적인 것으로 본 다른 사람들은 유물론의 각종 학파에 속한다.

(철학적) 관념론과 유물론의 개념을 이와 다르게 사용하는 것은 모두 혼란만 불러일으킬 뿐이다. 마르크스는 관념론—어떻게든 항상 종교와 결부되어 있는—뿐만 아니라, 근래에 특히 널리 퍼진 흄과 칸트의 견해, 즉 각종 형태의 불가지론과 비판주의와 실증주의[10]도 단호하게 거부했다. 또한 그는 이러한 철학은 관념론에 대한 '반동적' 양보이며, 좋게 봐도 "유물론을 슬쩍 받아들이면서 세상을 향해서는 그것을 부인하는 부끄러운 얼굴을 한" 철학이라고 지적했다.

이 문제에 대해서는 앞서 언급한 엥겔스와 마르크스의 저술 외에 마르크스가 엥겔스에게 보낸 1866년 12월 12일자 편지를 보라. 이 편지에서 마르크스는 유명한 자연과학자 토머스 헉슬리(Thomas Huxley)가 평소보다 "더 유물론적인" 발언을 한 점을 언급했다. 마르크스는 헉슬리가 "우리가 현실에 대해 관찰하고 사고하는 한, 우리는 유물론에서 결코 벗어날 수 없다"고 인정한 점을 지적함과 동시에 그가 불가지론, 흄주의로의 "도피처"를 찾고 있다고 비난했다.

특히 주목해야 할 점이 있는데, 그것은 마르크스의 자유와 필연의 관계에 대한 견해다. "자유란 필연성의 인식이다. '필연은 그것이 이해되지 않는 한에서만 맹목이다.'"(엥겔스,『반뒤링론』) 즉 이것은 자연의 객관적인 합법칙성을 승인하는 것이며, 변증법적으로 필연이 자유로 전화하는(아직 인식되어 있지 않으나 인식 가능한 '물 자체'(thing-in-itself)가 '우리에 대한 물'(thing-for-us)로, '사물의 본질'이 '현상'으로 전화하는 것과 같은 방식으로) 것을 승인

10 불가지론(Agnoticism)—관념론적 철학 이론으로서, 세계는 알 수 없고, 인간 정신은 한계가 있어서 감각 영역을 넘어서 존재하는 그 어떤 것도 알 수 없다고 주장한다. 불가지론에는 다양한 형태가 있다. 어떤 불가지론자들은 물질 세계의 객관적 존재를 인정하지만, 그 물질 세계를 인식할 수 있는 가능성은 부정한다. 다른 불가지론자들은 인간의 감각을 넘어 과연 무언가가 존재하는지를 인간이 알 수 없다는 이유로 물질세계의 존재를 부정한다.

비판주의(Criticism)—칸트는 자신의 관념론 철학을 이렇게 불렀는데, 인간의 인식 능력을 비판하는 것을 이 철학의 목표로 보고 있다. 칸트는 자신의 비판주의에 입각하여 인간 이성은 사물의 본질을 인식할 수 없다고 확신했다.

실증주의(Positivism)—프랑스의 철학자이자 사회학자인 콩트(1798~1857년)가 창시한 부르주아 철학 및 사회학의 널리 퍼진 한 조류. 실증주의자들은 사물의 내적 연관과 규칙성을 인식할 수 있는 가능성을 부정한다. 또한 객관 세계를 인식하고 변화시킬 방법으로서의 철학의 의의를 부정한다. 그들은 철학을 각 분야의 과학들이 제공하는 자료를 종합하고, 직접적 관찰의 결과를 피상적으로 묘사하는 학문으로—즉 '실증적' 사실들을 취급하는 학문으로—격하시킨다. 실증주의는 스스로 유물론과 관념론을 모두 '초월'했다고 주장하지만, 실제로는 주관적 관념론의 한 변종에 불과하다.—원서 편집자

하는 것을 의미한다.

마르크스와 엥겔스는 '구' 유물론—포이어바흐의 유물론을 포함하여(뷔히너[Buchner]와 포크트[Vogt]와 몰레쇼트[Moleschott]의 '속류' 유물론은 말할 것도 없고)—의 주요 결함이 다음과 같은 점에 있다고 보았다. 1) 이 유물론은 "압도적으로 기계적"이었으며, 화학과 생물학의 최신 발전(오늘날에는 전기학적 물질 이론을 포함시켜야 할 것이다)을 고려하지 못하고 있다. 2) 구 유물론은 비역사적, 비변증법적(반변증법적이란 의미에서 형이상학적)이며, 발전의 관점을 일관되고 전면적으로 관철하지 못하고 있다. 3) 구 유물론은 '인간의 본질'을 추상으로 이해하여, 이것을 (구체적으로, 그리고 역사적으로 규정된) '사회관계의 총체'로 이해하지 못했고, 따라서 세계를 '변혁'하는 것이 아니라 '해석'하였을 뿐이라는 것, 다시 말하면 그들이 '혁명적 실천 활동'의 의의를 이해하지 못했다는 것이다.

변증법

가장 전면적이고 가장 내용이 풍부하며 가장 심오한 발전의 학설로서의 헤겔 변증법을, 마르크스와 엥겔스는 독일 고전철학의 가장 위대한 성과로 간주했다. 이 외의 발전과 진화 원리의 다른 정식화는 모두 일면적이고 내용이 빈약하며, 자연과 사회에서 발전의 실제 진행(종종 비약에 의해, 파국과 혁명을 통해 진전되는)을 왜곡하고 불구화시킬 뿐이라고 생각했다. 엥겔스는 이렇게 썼다.

"마르크스와 나는 아마도 의식의 변증법을 [헤겔 철학을 포함하는 관념론의 잔해로부터] 구해내 유물론적 자연관에 적용한 유일한 사람이었다. …… 자연은 변증법의 증거다. 그리고 근대 자연과학은 이것의 검증을 위한 매우 풍부한(이 글이 씌어진 때는 라듐, 전자, 원소 변환 등을 발견하기 전이다!) 자료들을 제공해주고, 날마다 축적해가고 있었으며, 그리하여 궁극적으로 자연은 형이상학적으로가 아니라 변증법적으로 진행된다는 것을 증명하였다."

"세계는 기존 사물들의 복합체로서가 아니라 과정들—이 과정들에서는 외견상 고정된 사물도 우리의 두뇌 속에 있는 그것의 정신적 모사인 개념과 마찬가지로 생성과 소멸의 부단한 변화를 겪고 있다—의 복합체로 파악되어야 한다는 이 위대한 근본 사상은 특히 헤겔 이후에는 일반적으로 사람들의 의식 속에 확고히 자리 잡아서 이제 이러한 일반적인 형태에서는 어떤 반박도 받지 않고 있다. 그러나 이 근본 사상을 입으로만 승인하는 것과, 그것을 실제로 각 연구 분야에서 개개의 경우에 적용하는 것은 별개의 문제다."

"변증법적 철학의 앞에는 궁극적인 것, 절대적인 것, 신성한 것은 아무것도 없다. 이 철학은 모든 것에 관해, 또 모든 것에서 그것이 일시적인 것임을 밝혀내고 있다. 그리고 그 앞에는 생성과 소멸의, 또 낮은 것으로부터 높은 것으로의 끊임없는 상승의 부단한 과정 외에는 아무것도 있을 수 없다. 그리고 이 철학 자체가 사유하는 뇌 속에 이 과정이 반영된 것에 불과하다." 그러므로 마르크스에 따르면, 변증법은 "외적 세계와 인간 사유, 이 둘 다의 운동의 일반 법칙에 관한 과학"이다.

헤겔 철학의 이러한 혁명적 측면이 마르크스에게 채택되어 발전했다. 변증법적 유물론은 "다른 과학들의 위에 서 있는 어떤 철학도 필요치 않다." 이제까지의 철학에 여전히 남아 있는 것은 "사유와 그 법칙에 관한 학문, 즉 형식논리학과 변증법"이다. 헤겔과 마찬가지로 마르크스가 이해한 변증법은 그 자체 내에 오늘날 인식론이라고 불리는 것을 포함하고 있다. 이 인식론은 자신의 대상을, 마찬가지로 역사적으로 고찰하여 인식의 기원과 그 발전, 무지에서 인식으로의 이행을 연구하고 일반화하지 않으면 안 된다.

오늘날 발전, 진화의 사상은 사회적 의식 속에 완전하게 자리 잡고 있지만, 그것은 다른 여러 경로를 통한 것이지, 헤겔 철학을 통한 것은 아니다. 그러나 마르크스와 엥겔스가 헤겔을 토대로 하여 정식화한 형태로의 이 사상은 현행의 진화 사상보다 훨씬 더 전면적이고 내용이 풍부하다. 이미 지나간 단계로 다시 돌아온 듯 보이면서도 전과는 다른 방식으로 더욱 높은 기초 위에서 그 단계로 다시 돌아오는 발전('부정의 부정'),

직선으로가 아니라 말하자면 나선으로 진행되는 발전. 비약에 의한, 파국과 혁명에 의한 발전(연속성의 단절). 양질 전화. 주어진 물체에 대해, 또는 주어진 현상 내에서, 또는 주어진 사회 내에서 작용하고 있는 각종 힘들, 경향들의 모순, 충돌에 의해 생겨나는 발전의 내적 충동. 현상의 모든 측면 간의 상호의존성 및 가장 밀접하고 불가분한 연관(항상 역사는 새로운 측면을 끊임없이 드러낸다), 단일의 합법칙적인 보편적 운동 과정을 제공하는 연관. 이것들이 기존의 인습적인 학설보다 훨씬 더 내용이 풍부한 발전의 학설로서의 변증법의 특징 가운데 일부다(마르크스는 슈타인[Stein]의 '서투른 삼분법'을 비웃으며, 그것을 유물론적 변증법과 혼동하는 것은 터무니없는 것임을 지적했다. 마르크스가 엥겔스에게 보낸 1868년 1월 8일자 편지 참조).

유물론적 역사관

마르크스는 구 유물론이 불철저하고 불완전하며 일면적임을 통찰하여, "사회에 관한 과학을 …… 유물론적 기초와 일치시키고 그 기초 위에 다시 세우는" 것이 필요하다는 확신에 이르렀다. 유물론이 일반적으로 의식을 존재로부터 설명하는 것이며 그 역이 아니라면, 인류의 사회 생활에 적용된 유물론은 사회적 의식을 사회적 존재로부터 설명해야만 한다. 마르크스는 『자본』 1권에 이렇게 썼다. "기술학은 인간이 자연을 취급하는 방식을 드러낸다. 즉 인간이 자신의 생활을 영위해나가는 직접적 생산과정과, 그의 사회적 관계 및 그것으로부터 생겨나는 정신적 관념들의 직접적 생산과정을 밝혀내고 있다." 마르크스는 인간 사회와 역사에까지 확대시킨 유물론의 근본 원리에 대한 완결적인 정식화를 『정치경제학 비판』 서문에서 다음과 같이 제시하고 있다.

인간은 자기 생활의 사회적 생산에서 일정하게 필연적이며 자신의 의지와는 독립된 관계, 말하자면 물질적 생산력의 일정한 발전단계에 조응하는 생산관계를 맺는다.

이 생산관계의 총체는 사회의 경제적 구조를 형성한다. 이것이 현실의 토대로서, 그 위에 법률적·정치적 상부구조가 서 있고, 또 그것에 일정한 사회적 의식 형태가 조응한다. 물질적 생활의 생산양식이 사회적·정치적·정신적 생활과정 일반을 규정한다. 인간의 의식이 그들의 존재를 규정하는 것이 아니라 반대로 그들의 사회적 존재가 그들의 의식을 규정한다. 사회의 물질적 생산력은 일정 정도의 발전 단계에 이르면, 현존의 생산관계(이 생산관계 내에서 이제까지 생산력이 작동해왔다) 또는 그것의 법률적 표현에 지나지 않는 소유관계와 모순되게 된다. 이들 관계는 생산력의 발전 형태에서 그것을 구속하는 질곡으로 변한다. 그때 사회혁명의 시대가 시작된다. 경제적 토대의 변화와 함께 거대한 상부구조 전체가 완만하거나 급속하게 변혁된다. 이와 같은 변혁을 고찰할 때에는 자연과학적 정확성으로 확인될 수 있는 경제적 생산조건의 물질적인 변혁과 인간이 이 충돌을 의식하여 그것을 추동해나가는 법률적·정치적·종교적·예술적·철학적 형태들, 즉 이데올로기적 형태를 구별해야 한다.

한 개인이 어떠한 사람인가를 그 자신의 생각에 따라 판단할 수 없는 것과 마찬가지로, 이러한 변혁의 시대를 그 시대의 의식에 근거해서 판단할 수는 없다. 오히려 이 의식을 물질적 생활의 모순에 근거해서, 즉 사회적 생산력과 생산관계 사이의 현존하는 충돌에 근거해서 설명하지 않으면 안 된다. 대체로 말해서, 경제적 사회구성체의 잇따른 시대로 아시아적·고대적·봉건적·근대 부르주아적 생산양식을 들 수 있다.(마르크스가 엥겔스에게 보낸 1866년 7월 7일자 편지에 있는 짧은 정식, 「생산수단에 의해 노동 조직이 결정된다는 우리의 이론」)

유물론적 역사관이 발견됨으로써, 좀 더 정확하게 말하면 유물론이 사회적 현상들의 영역으로까지 일관되게 연장되고 확대됨으로써 종래의 역사 이론들이 안고 있던 두 가지 주요 결함이 극복되었다. 첫째, 종래의 역사 이론들은 사람들의 역사적 활동에서 잘해야 이데올로기적 동기만을 고찰해왔으며, 그러한 동기의 기원을 연구할 수도, 사회관계 체제의 발전을 지배하는 객관적인 합법칙성을 파악할 수도 없어 이러한 사회관계의 근원이 물질적 생산의 발전 수준에 있음을 보지 못했다. 둘째, 종래의 이론들은 다름 아닌 인민대중의 활동을 전혀 고려에 넣지 못했다. 이에 반해 역사적 유물론은 자연사적 정확성으로 대중의 사회적 생활조건들과 이 조건들의 변화를 연구하는 것을 비로소 가능하게 해주었다. 마르크스 이전의 '사회학'과 역사학은 가장 **훌륭한** 경우에도 단편적으로 수집된 가공되지 않은 사실들의 축적과 역사적 과정의 개개 측면에 대한 서술을 제공했을 뿐이다. 마르크스주의는 대립되는 모든 경향들의 **총체**를 연구하고, 이것들을 사회 각 계급의 정확히 규정할 수 있는 생활조건 및 생산조건에 귀착시킨다. 마르크스주의는 특정의 '지배적' 사상을 선택한다든가 그것을 해석한다든가 하는 의미에서의 주관주의나 자의성을 배제하고, 물질적 생산력의 상태가 예외 없이 모든 사상, 각종의 모든 경향의 근원임을 밝혀냄으로써 경제적 사회구성체의 발생, 발전, 소멸의 전 과정을 포괄적이고 전면적으로 연구할 수 있는 길을 열어주었다. 인간은 스스로 자신의 역사를 만든다. 그러나 그 인간의, 특히 다수의 인간의 동기는 무엇에 의해 규정되는가, 대립하는 사상이나 지향의 충돌은 무엇에 의해 일어나는가, 수많은 인간 사회의 이 모든 충돌의 총체는 어떤 것인가, 인간의 역사적 활동 전체의 토대를 만들어내는 물질적 생활의 객관적 생산조건들은 무엇인가? 이들 조건의 발전 법칙은 어떠한 것인가? 마르크스는 이 모든 문제에 주의를 기울이며, 역사를 무한히 다면적이고 모순으로 가득 차 있으면서도 합법칙적인 단일 과정으로 과학적으로 연구할 수 있는 길을 열어주었다.

계급투쟁

어느 사회에서나 구성원들 사이에 서로 간의 지향이 충돌한다는 것, 사회 생활이 모순으로 가득 차 있다는 것, 역사상 민족들 간, 사회들 간의 투쟁뿐 아니라 민족 내, 사회 내의 투쟁이 있어왔다는 것, 게다가 혁명과 반동, 전쟁과 평화, 침체와 급속한 진보 또는 쇠퇴의 시기들이 번갈아 교대해왔다는 것들은 모두 일반적으로 알려진 사실이다. 마르크스주의는 이런 미궁과 혼돈 속에서도 합법칙성을 발견할 수 있게 해주는 길잡이—계급투쟁 이론—를 제공해준다. 주어진 사회 또는 주어진 일군의 사회들의 모든 구성원이 추구하는 지향들의 총체에 대한 연구만이 이 지향의 결과에 대해 과학적인 규정을 내릴 수 있다. 그런데 서로 충돌하는 지향들은 그 근원이 계급들—각 사회는 이 계급들로 분열되어 있다—의 지위와 생활양식상의 차이에 있다.

마르크스는 『공산당 선언』에서 이렇게 썼다. "지금까지의 모든 사회의 역사는 계급투쟁의 역사다〔엥겔스는 나중에 원시 공동체의 역사는 여기서 제외한다고 덧붙였다〕. 자유민과 노예, 귀족과 평민, 영주와 농노, 길드 장인과 직인, 요컨대 서로 영원한 적대관계에 있는 억압자와 피억압자가 때로는 은밀하게, 때로는 공공연하게 끊임없는 투쟁을 벌여왔다. 그리고 이 투쟁은 항상 사회 전체가 혁명적으로 개조되거나, 그렇지 않으면 투쟁하는 계급들이 함께 몰락하는 것으로 끝났다. …… 봉건 사회가 몰락하고 생겨난 현대 부르주아 사회 또한 계급모순을 폐기하지 못했다. 이 사회는 다만 새로운 계급들, 억압의 새로운 조건들과 투쟁의 새로운 형태들을 낡은 것과 바꿔놓은 데 지나지 않았다. 그러나 우리 시대, 즉 부르주아지의 시대는 계급모순을 단순화했다는 점에서 특수하다. 사회 전체가 두 개의 적대 진영으로, 즉 서로 대립하는 두 계급인 부르주아지와 프롤레타리아트로 더욱더 분열되고 있는 것이다."

그 어느 때보다도 프랑스 대혁명 이후의 유럽 역사는 많은 나라에서 실제로 사건들의 바탕에 있는 것, 즉 계급투쟁을 생생하게 드러내주었다. 왕정복고 시대의 프랑스에서는 이미 많은 역사가들(티에리(Thierry), 기조(Guizot), 미네(Mignet), 티에르(Thiers))이 당시 일어나고 있던 것을 총괄하면서, 계급투쟁이 프랑스 역사 전체를 여는 열쇠라는 것을 인정해야만 했다. 현 시기, 즉 부르주아지의 완전한 승리, 대의제도, 광범한 선거권(보통선거권은 아니더라도), 대중들 사이에 널리 유포되는 저렴한 일간신문, 강력한 힘을 갖고 점차 확대되는 노동자 단체와 고용주 단체 등의 시기는 계급투쟁이 사건들의 추진력임을 훨씬 더 두드러지게(때로는 매우 일면적·'평화적'·'합헌적' 형태일지라도) 보여주었다. 마르크스의 『공산당 선언』 가운데 다음의 구절은 마르크스가 근대 사회의 각 계급의 발전 조건을 분석하는 문제와 관련하여 각 계급의 지위를 객관적으로 분석하기 위해 사회과학에 어떠한 요구를 제기하고 있는지 우리에게 보여줄 것이다.

오늘날 부르주아지와 대립하고 있는 모든 계급 가운데 오직 프롤레타리아트만이 참으로 혁명적인 계급이다. 다른 모든 계급은 대공업이 발전하면서 몰락하여 멸망하지만, 프롤레타리아트는 대공업 자체의 산물이다.

하층 중간계급들, 즉 소매뉴팩처업자·소상인·수공업자와 농민은 모두 중간계급이라는 자신의 존재를 파멸에서 구하려고 부르주아지와 투쟁한다. 그래서 그들은 혁명적이지 못하고 보수적이다. 아니, 그들은 반동적이기까지 하다. 왜냐하면 그들은 역사의 수레바퀴를 뒤로 돌리려 하기 때문이다. 그들이 뜻밖에 혁명적이라면, 그것은 그들이 머지않아 프롤레타리아트로 넘어가게 될 것을 고려하는 한에서만, 그들이 현재의 이익이 아니라 장래의 이익을 옹호하는 한에서만, 그들이 프롤레타리아트의 입장에 서려고 그들 자신의 입장을 포기하는 한에서만 그러하다.

마르크스는 일련의 역사적 저작들(문헌 해제를 보라)에서 유물론적 역사서술, 즉 각 계급과 때로는 계급 내의 다양한 집단 또는 계층의 지위를 분석한 훌륭하고 심오한 실례를 제시해주는 가운데, 왜 그리고 어떻게 하여 '계급투쟁은 모두 정치투쟁'인가를 여실히 보여주었다. 앞에 인용한 구절은 마르크스가 역사 발전의 전체 합력을 산정하기 위해 사회관계와, 하나의 계급에서 다른 계급으로, 과거에서 미래로의 과도적 단계들의 복잡한 그물망을 어떻게 분석했는가를 예증해주는 것이다.

　마르크스가 자신의 이론을 가장 심오하고 전면적이며 상세하게 확증하고 적용한 것이 바로 그의 경제학설이다.

마르크스의 경제학설

마르크스는 『자본』 서문에서 다음과 같이 말하고 있다. "근대 사회"의, 즉 자본주의적 부르주아 사회의 "경제적 운동 법칙을 드러내는 것"이 "이 책의 궁극 목적"이다. 역사적으로 규정된 한 사회의 생산관계를 그 발생·발전·쇠퇴를 통해 연구하는 것, 이것이 마르크스의 경제학설의 내용이다. 자본주의 사회에서는 상품 생산이 지배하고 있다. 그러므로 마르크스의 분석은 상품 분석으로 시작한다.

가치

상품이란, 첫째로 인간의 욕구를 충족시켜주는 물건이다. 둘째, 다른 물건과 교환될 수 있는 물건이다. 물건의 유용성이 그것을 **사용가치**로 만들어준다. 교환가치(또는 단순히 가치)는 무엇보다도 한 종류의 사용가치의 일정량이 다른 종류의 사용가치의 일정량과 교환되는 비율이다. 일상생활의 경험은 수백만,

수천만 건의 그 같은 교환이 모든 종류의 사용가치를, 심지어 다종다양하고 서로 전혀 비교할 수 없는 사용가치까지도 끊임 없이 서로 견주고 있음을 우리에게 보여주고 있다. 그러면 특정 사회관계 체제 내에서 끊임없이 서로 견주어지는 이들 다양한 물건들 사이에 존재하는 공통점은 무엇인가? 그것들 간의 공통된 특징은 그것들이 **노동 생산물**이라는 것이다. 인간은 생산물을 교환하는 과정에서 천차만별의 노동을 서로 견준다. 상품 생산은 개별 생산자가 다종다양한 생산물을 만들어내고 (사회적 분업), 이러한 모든 생산물이 교환과정에서 서로 견주어지는 사회관계 체제다. 그러므로 모든 상품에 공통으로 내장되어 있는 것은 특정 생산 분야의 구체적 노동이나 특정 종류의 노동이 아니라 **추상적 인간 노동**, 즉 인간 노동 일반이다. 모든 상품가치의 총합으로 표시되는 한 사회의 총노동력은 한 가지의 동일한 인간 노동력이다. 수십억, 수백억 건의 교환 행위가 이것을 증명한다. 따라서 개개의 상품은 **사회적으로 필요한** 노동시간의 일정 분량을 표시하는 것에 지나지 않는다. (한 상품의) 가치의 크기는 사회적으로 필요한 노동의 양 또는 그 상품, 즉 그 사용가치의 생산을 위해 사회적으로 필요한 노동시간에 의해 결정된다.

"인간은 서로 다른 종류의 생산물을 교환에 의해 가치로 서로 견줄 때마다, 바로 그 행위에 의해, 생산물에 투여된 서로 다른 종류의 노동을 인간 노동으로서 또한 서로 견준다. 그들은 의식하지 않으면서도 그렇게 한다."(『자본』) 가치란, 전에 어떤 경제학자가 말한 바와 같이 두 명의 사람 간의 관계다. 다만 그는 다음과 같은 점을 덧붙였어야 했다. 그것은 물질적 외피 아래 감추어져 있는 관계라고. 특정의 역사적 사회 유형 속에 존재하는 사회적 생산관계 체제라는 견지에서, 또는 수백만, 수천만 건이나 반복되는 대량적 교환 현상으로 스스로를 드러내는 관계 체제라는 견지에서 볼 때만 가치라는 것이 무엇인가를 이해할 수 있다. "가치로서의 모든 상품은 응결된 노동 시간의 일정량에 지나지 않는다."(『정치경제학 비판』)

상품에 체현되어 있는 노동의 이중적 성격을 상세히 분석한 후에, 마르크스는 가치 형태와 화폐의 분석으로 나아간다. 여기에서 마르크스의 주요 과제는 가치의 화폐 형태의 기원을 연구하는 것, 즉 개별적·우연적 교환 행위(한 상품의 일정량이 다른 상품의 일정량과 교환되는 '초보적 또는 우연적 가치 형태')로 시작하여, 다수의 서로 다른 상품이 하나의 동일한 특정 상품과 교환되는 일반적 가치 형태를 거쳐서, 마지막으로 금(gold)이 이 특정 상품, 즉 일반적 등가물이 되는 가치의 화폐 형태로 끝나는 교환 발전의 역사적 과정을 연구하는 것이다. 교환과 상품 생산 발전의 최고 산물로서의 화폐는 모든 개별 노동의 사회적 성격을, 시장에 의해 결합된 개개의 생산자 간의 사회적 연관을 모호하게 하고 은폐한다. 마르크스는 화폐의 각종 기능을 매우 자세히 분석하고 있다. 여기에서 특히 (일반적으로는 『자본』의 앞부분 여러 장에서와 마찬가지로) 주목해야 할 것은 추상적으로, 때로는 순전히 연역적으로 보이는 서술 형식이 실제로는 교환 및 상품 생산 발전의 역사에 관한 거대하게 축적된 사실 자료를 다루고 있다는 사실이다.

화폐의 존재는 상품 교환의 일정한 단계를 전제로 한다. 화폐의 특수한 기능들—단순한 상품등가물, 또는 유통 수단, 또는 지불 수단, 축장화폐 및 세계 화폐—은 여러 가지 기능들 각각의 서로 다른 범위와 상대적 중요성에 따라서 사회적 생산과정의 각기 다른 단계들을 표시한다.(『자본』 1권)

잉여가치

상품 생산의 일정한 발전단계에서 화폐는 자본으로 전화한다. 상품 유통의 정식은 다음과 같다. C(상품)—M(화폐)—C(상품), 즉 한 상품을 구매하기 위해 다른 한 상품을 판매하는 것이다. 이것에 반해 자본의 일반적 정식은 다음과 같다. M(화폐)—C(상품)—M(화폐), 즉 (이윤을 덧붙여) 판매하기 위해서 구매하는 것이다. 유통에 투입된 화폐의 최초 가치에 대한 이 증가분을 마르크스는 잉여가치라고 부르고 있다. 자본주의적 유통에서 화폐가 이와 같이 '증가'하는 사실은 누구나 알고 있다.

이러한 '증가'가 바로 화폐를 자본으로, 즉 특수하며 역사적으로 규정된 사회적 생산관계로서의 자본으로 전화시킨다. 잉여가치는 상품유통에서는 발생할 수 없다. 왜냐하면 상품 유통은 등가물의 교환만을 인식할 뿐이기 때문이다. 잉여가치는 또한 가격인상에서도 발생하지 않는다. 왜냐하면 구매자와 판매자 쌍방의 손실과 이득은 상쇄되기 때문인데, 알다시피 여기서는 대량적·평균적·사회적 현상을 논하는 것이지 개별적 사례를 다루는 것이 아니다. 잉여가치를 획득하려면 화폐 소유자는 "그 사용가치가 가치의 원천이 되는 독특한 성격을 지닌 상품", 즉 그것의 소비과정이 동시에 가치 창조의 과정이 되는 상품을 "시장에서 …… 발견 …… 해야만 한다."(『자본』 1권) 그러한 상품이 존재한다. 인간 노동력이 바로 그것이다. 인간 노동력의 소비가 노동이며, 노동은 가치를 창조한다. 화폐 소유자는 노동력을 그것의 가치대로 구매한다. 노동력의 가치는 다른 모든 상품의 가치와 마찬가지로 그 노동력을 생산하는 데 드는 사회적 필요노동시간에 의해(즉 노동자와 그의 가족이 일용하는 생활재료의 가치에 의해) 결정된다. 화폐 소유자가 노동력을 구매한 이상, 그는 그것을 소비할 권리, 즉 하루 동안, 말하자면 12시간 동안 그것을 가동시킬 권리를 갖는다. 그러나 노동자는 6시간('필요'노동시간)의 노동 속에서 자신의 생계를 보전하는 생산물을 생산하고, 나머지 6시간('잉여'노동시간)의 노동으로는 자본가에게서 지불을 받지 않는 '잉여'생산물, 즉 잉여가치를 생산한다. 따라서 생산과정의 측면에서 볼 때 자본의 두 부분, 즉 불변자본 부분과 가변자본 부분을 구별해야 한다. 불변자본은 생산수단(기계, 노동용구, 원료 등)에 지출되는 부분으로, 그 가치가 변화 없이 그대로(한 번에 또는 일부분씩) 완성된 생산물에 이전된다. 가변자본은 노동에 대해 지출되는 부분이다. 이 가변자본의 가치는 불변 상태로 있지 않고, 노동과정에서 잉여가치를 창조함으로써 증가한다. 그러므로 자본의 노동력 착취도를 표현하려면 잉여가치를 투하 자본 전체와 비교해선 안 되며, 오직 가변자본과 비교해야 한다. 그리하여, 바로 앞의 사례를 가지고 말한다면, 잉여가치율—마르크스는 이렇게 부르고 있다—은 6 대 6, 즉 100퍼센트가 된다.

자본이 발생하는 데는 두 가지 역사적 전제가 있다. 첫째, 상품 생산 일반의 비교적 높은 발전단계에서 각 개인의 수중에 일정량의 화폐가 축적되어야 한다. 둘째, 이중의 의미에서 '자유로운' 노동자의 존재. 자신의 노동력을 판매하는 데 있어 일체의 제약과 제한에서 자유롭고, 토지 및 생산수단 일반에서 자유로운 노동자, 즉 자신의 노동력을 파는 것 외에는 생존할 길이 없는 '프롤레타리아'의 존재가 필요하다.

잉여가치를 늘리는 데는 근본적으로 두 가지 방법이 있는데, 노동시간의 연장('절대적 잉여가치')과 필요노동시간의 단축('상대적 잉여가치')이 그것이다. 전자의 방법에 대한 분석에서 마르크스는 노동시간 단축을 위한 노동자계급의 투쟁과, 노동시간 연장(14~17세기) 및 그것의 단축(19세기의 공장법)을 위한 국가권력의 개입에 관한 아주 인상적인 그림을 제시한다. 『자본』 출간 이후 세계 모든 문명국의 노동계급 운동의 역사는 이 그림을 더욱 완결되게 하는 무수히 새로운 사실들을 공급하고 있다.

마르크스는 상대적 잉여가치 생산을 분석하는 대목에서, 자본주의가 노동생산성을 증대시켜온 역사상의 주요한 세 단계를 연구했다. 1) 단순 협업, 2) 분업과 매뉴팩처, 3) 기계제 대공업. 마르크스가 자본주의 발전의 기본적이고 전형적인 특징을 여기서 얼마나 깊숙이 파헤쳐냈는가는, 러시아의 이른바 시장 생산 수공업에 대한 연구가 위의 세 단계 중 1, 2 단계를 예증해주는 풍부한 자료를 제공하고 있다는 사실로도 잘 알 수 있다. 기계제 대공업의 혁명적 효과는, 1867년에 마르크스가 서술한 바와 같이 그 뒤의 반세기 동안에 많은 '신규' 국가(러시아, 일본 등)에서 분명하게 나타났다.

나아가 마르크스에게서 더할 나위 없이 중요하고 참신한 것은 자본 축적에 대한 분석이다. 즉 잉여가치 일부의 자본으로의 전화, 그리고 그 잉여가치 일부를 자본가들의 개인적 필요나 기분을 충족시키기 위해 사용하는 것이 아니라 새로운 생산을 위해 사용한다는 것을 분석한 것이다. 마르크스는 자본으로 전화되는 잉여가치는 모두 가변자본이 된다고 가정한 종래의 모든 고전경제학자들—애덤 스미스(Adam Smith) 이래의—의 오류를 밝혀냈다. 실은 그것은 **생산수단+가변자본**으로 나누어진다. (자본 총액에서) 가변자본 부분에 비해 불변자본 부분이 좀 더 급속히 증대하는 것은 자본주의의 발전 및 그것의 사회주의로의 전환 과정에서 매우 중요한 의미를 지닌다.

또한 자본 축적은 기계에 의한 노동자의 구축(驅逐)을 촉진함으로써, 그리고 한쪽 극단에서는 부를, 다른 극단에서는 빈곤을 생산함으로써 '노동예비군'이라고 불리는 것, 즉 노동자의 '상대적 과잉'을 낳는다. 이러한 '자본주의적 과잉인구'는 극히 다종다양한 형태를 띠며, 극단적으로 빠른 속도로 생산을 확대할 가능성을 자본에게 부여한다. 이 가능성은 생산수단 형태로의 자본 축적 및 신용과 결합하여, 자본주의적 나라들에서 주기적으로—처음에는 평균 십 년 만에, 나중에는 더 길고 덜 확정적인 간격으로—일어나는 과잉생산 **공황**을 이해할 수 있는 열쇠를 제공해준다. 자본주의 그 자체의 기초 위에서 이루어지는 자본 축적과 이른바 본원적 축적—즉 생산수단으로부터의 노동자 강제 분리, 토지로부터의 농민 추방, 공유지의 강탈과 식민지, 국채, 보호관세 제도 등—은 구별해야 한다. 이 '본원적 축적'은 한쪽 끝에서는 '자유로운' 프롤레타리아를, 다른 쪽 끝에서는 화폐 소유자, 즉 자본가를 창출해낸다.

"자본주의적 축적의 역사적 경향"을 마르크스는 다음과 같은 유명한 말로 묘사했다.

    직접적 생산자의 수탈은 가장 무자비한 만행에 의하여, 그리고 가장 비열하고 가장 추악하고 가장 야비하고 가장 가증스러운 격정들의 충동 속에서 수행되었다. 자신의 노동으로 획득한 사적소유, 말하자면 개개의 독립적 노동자와 그의 노동 조건과의 융합에 입각한 사적소유를 대신하여 그 자리에 타인 노동—형식적으로는 자유로운 노동—의 착취에 입각한 자본주의적 사적소유가 들어선다. …… 이제 수탈당할 자는 자영의 노동자가 아니라 다수의 노동자를 착취하는 자본가다. 이 수탈은 자본주의적 생산 자체의 내재적 법칙의 작용에 의해, 즉 자본의 집중에 의하여 수행된다. 항상 한 자본가가 많은 자본가를 파멸시킨다. 이러한 집중, 즉 소수 자본가에 의한 다수 자본가의 수탈과 병행하여 여타의 발전도 더욱더 대규모로 일어난다. 즉 노동과정의 협업적 형태의 성장, 과학의 의식적·기술적 적용, 토지의 계획적 이용, 노동수단이 공동으로만 사용될 수 있는 형태로 전화되는 것, 모든 생산수단이 결합된 사회적 노동의 생산수단으로 사용됨으로써 절약되는 것, 각국의 국민들이 세계 시장의 그물에 얽히게 되는 것, 그로 인한 자본주의적 체제의 국제적 성격의 증대 등이 더욱더 대규모로 일어난다. 이 전환 과정의 모든 이익을 가로채고 독점하는 대자본가의 수가 끊임없이 줄어들지만, 빈곤과 억압과 예속과 타락과 착취의 정도는 더욱더 증대한다. 그러나 그와 동시에 노동자계급—그 수가 계속 증가하며, 자본주의적 생산과정의 메커니즘 그 자체에 의

하여 훈련되고 통일되고 조직되는 계급인—의 반항도 또한 증대해간다. 자본의 독점은, 이 독점과 더불어 이 독점 밑에서 번창해온 그 생산방식의 질곡이 된다. 생산수단의 집중과 노동의 사회화는 마침내 그 자본주의적 외피와 양립할 수 없는 지점에 도달한다. 자본주의적 외피는 파열된다. 자본주의적 사적소유의 조종이 울린다. 수탈자가 수탈당한다.(『자본』1권)

마르크스가 제시하는 또 한 가지 더할 나위 없이 중요하고 참신한 것은 『자본』2권에서 제시된 사회 전체의 자본의 재생산에 대한 분석이다. 여기에서도 마르크스는 개별 현상이 아니라 대량적인 현상을, 경제의 단편이 아니라 그 경제를 총체로서 다루고 있다. 마르크스는 상술한 바와 같은 고전학파의 오류를 정정함과 동시에, 사회 전체의 생산을 2대 부문으로, 즉 1) 생산수단의 생산과 2) 소비재료의 생산으로 구분하고, 수학상의 용례를 통해 사회 전체의 자본의 유통을 상세히—종래의 규모의 재생산의 경우(단순재생산)와 축적의 경우(확대재생산) 모두—검토하고 있다. 『자본』3권에서는 평균이윤율이 어떻게 형성되는가에 관한 문제가 가치법칙을 기초로 하여 해결되고 있다. 마르크스가 그러한 분석을 하면서, 속류 경제학과 현대의 '한계효용학설'이 번번이 스스로를 가두고 있는 개별적 사례 또는 경쟁이라는 외적·피상적 측면으로부터 출발하지 않고, 대량적 경제 현상으로부터, 전체 경제로부터 출발했다는 것은 경제학상의 일대 전진이었다. 마르크스는 먼저 잉여가치의 기원을 분석하고, 이어서 잉여가치의 이윤, 이자, 지대로의 분할 문제를 고찰한다. 이윤이란 기업에 투하된 자본 총액에 대한 잉여가치의 비율이다. '유기적 구성이 높은'(즉 가변자본에 대한 불변자본의 우위 정도가 사회적 평균보다 높은) 자본은 평균보다 낮은 이윤율을 가져온다. '유기적 구성이 낮은' 자본은 평균보다 높은 이윤율을 가져온다. 자본가들 간의 경쟁과, 한 생산부문으로부터 다른 생산부문으로의 자본의 자유로운 이동은 그 두 경우 모두에서 이윤율을 평균이윤율 수준으로 낮춰놓을 것이다. 주어진 사회의 모든 상품가치의 총액은 상품가격의 총액과 일치한다. 그러나 개별 기업 및 개별 생산부문에서 상품은 경쟁의 영향을 받아, 그 가치대로 판매되지 않고, 지출된 자본+평균이윤의 합과 동일한 액수의 생산가격에 판매된다.

이렇게 하여 마르크스는 가치로부터 가격의 괴리, 이윤의 평균화라는, 널리 알려져 있고 이론의 여지가 없는 사실을 가치법칙의 기초 위에서 완전하게 설명했다. 모든 상품의 가치 총액이 가격 총액과 일치하기 때문이다. 그러나 어떤 하나의 가치(사회적인)가 다양한 가격(개별적인)으로 표시되는 것은 단순한 직접적 과정이 아니라 대단히 복잡한 과정이다. 시장에 의해서만 상호결합되어 있는 분산된 상품 생산자들의 사회에서는 합법칙성이, 어떤 때는 이 방향으로, 또 어떤 때는 저 방향으로 개개의 편차를 서로 상쇄한 평균적·사회적·대량적 합법칙성으로밖에 나타나지 않는 것은 지극히 당연하다.

노동생산성의 향상은 가변자본에 비해 불변자본이 더 급속하게 증대하는 것을 의미한다. 잉여가치는 가변자본만의 기능이라고 할 때, 이윤율(즉 잉여가치의 비율로서, 이 잉여가치율은 가변자본 부분에 대해서만의 비율이 아니라 전체 자본에 대한 비율이다)이 저하하는 경향을 띠는 것은 명백하다. 마르크스는 이 경향과, 이것을 은폐하거나 이것에 반작용하는 많은 사정들을 상세히 분석하고 있다. 우리는 고리대자본과 상업자본과 화폐자본에 할애된 『자본』 3권의 극히 흥미로운 장들을 건너뛰어, 가장 중요한 장인 지대론으로 넘어가지 않으면 안 된다. 토지의 면적에 제한이 있고, 자본주의 나라들에서는 그 토지가 모두 개개의 사적소유자들에 의해 점유되어 있으므로 농업 생산물의 생산가격은 중위 수준의 토지에서의 생산비가 아니라 가장 열등한 토지의 생산비에 의해 결정된다. 또한 생산물을 시장에 공급하는 조건은 중위 수준의 조건이 아닌 최악의 조건 아래서 농산물 생산가격이 결정된다. 이러한 가격과 양질의 토지(또는 보다 나은 조건들)에서의 생산가격 간의 **차액**에서 차액지대가 생겨난다. 마르크스는 이 차액지대를 상세히 분석하고, 어떻게 그것이 개개 토지의 비옥도 차이에서, 또 토지에 투하된 자본 양의 차이에서 발생하는지를 보여줌으로써, 차액지대가 보다 양질의 토지로부터 계속해서 보다 열등한 토지로 옮겨가는 경우에만 생긴다고 본 리카도의 오류를 완전히 폭로했다

(『잉여가치학설사*Theories of Surpls Value*』도 보라. 여기에서는 로트베르투스〔Rodbertus〕에 대한 비판이 특히 주목할 만하다). 이와는 반대로 역의 이행이 있을 수 있는데, 즉 어떤 한 등급의 토지가 다른 등급의 토지로 바뀌는〔농업 기술의 진보, 도시의 성장 등으로 인해〕 일도 있을 수 있다. 그리하여 저 악명 높은 '수확 체감의 법칙'은 자본주의의 결함과 한계와 모순을 자연에 전가시키는 근본적인 오류를 안고 있다. 나아가, 공업 및 일반으로는 국민 경제의 모든 부문에서 이윤이 균등해지기 위해서는 경쟁의 완전한 자유와 한 생산부문으로부터 다른 생산부문으로의 자본 이동의 자유를 전제로 한다. 그러나 토지의 사적소유는 이러한 자유로운 이동에 장애가 되는 독점을 낳는다. 이 독점의 결과로, 자본의 유기적 구성도가 비교적 낮고, 그로 인해 개별적으로는 비교적 높은 이윤율을 특징으로 하는 농업 생산물은 이윤율 평균화라는 아주 자유로운 과정에는 들어가지 않는다. 토지 소유자는, 독점자로서 가격을 평균 이상으로 유지할 가능성을 얻는다. 그리하여 이 독점가격이 절대지대를 낳는다. 차액지대는 자본주의 아래서는 폐지가 불가능하지만, 절대지대는 예를 들어 토지 국유화에 의해, 즉 토지를 국가 소유로 함으로써 폐지가 가능하다. 이와 같이 토지를 국가로 이전하는 것은 사적소유자의 독점을 무너뜨리고, 농업에서 경쟁의 자유가 일관되고 완전하게 작동하는 유일한 방법이 될 것이다. 바로 이 때문에 역사 속에서 부르주아 급진파가—마르크스가

지적한 바와 같이—토지 국유화라는 이 진보적인 부르주아적 요구를 거듭 제기해온 것이다. 그러나 토지 국유화는 오늘날 특히 중요하고 '민감한' 독점, 즉 생산수단 일반에 대한 독점에 미치는 영향과 너무나 근접해 있기 때문에 대다수의 부르주아지를 겁먹게 하는 요구다(마르크스가 자본에 대한 평균이윤율 및 절대지대에 관한 자신의 이론을 극히 평이하고 간결하며 명쾌하게 해설한 내용이 1862년 8월 2일자 엥겔스에게 보낸 편지에 있다. 『왕복서한집』 3권, 77~81쪽을 보라. 또한 1862년 8월 9일자 편지, 같은 책 86~7쪽도 보라).

지대의 역사에 대해서는 마르크스의 지대 변천에 대한 다음과 같은 분석을 살펴보는 것 또한 중요하다. 그 분석은 노동지대(농민이 영주의 토지에서 노동하여 잉여생산물을 만들어내는 경우)가 어떻게 생산물지대 또는 현물지대(농민이 자신의 토지에서 잉여가치를 만들어내고, 이것을 '경제 외적 강제' 때문에 지주에게 넘겨주는 경우)로 전화되고, 그 다음에는 화폐지대(앞서의 현물지대가 상품생산 발전의 결과로 화폐 납부로 전환된 것. 구 러시아의 '면역지대(obrok)')로, 그리고 끝으로는 자본주의적 지대(농민 대신에 농업 기업가가 나타나 임노동을 사용하여 토지 경작을 하는 경우)로 전화되는가를 보여준다. '자본주의적 지대의 발생'에 대한 이와 같은 분석과 관련하여 주목해야 할 것은, 농업에서 자본주의의 진화에 관해 마르크스가 표현한 일련의 심오한 (러시아와 같은 후진국에 특히 중요한) 사상이다.

현물지대의 화폐지대로의 전화는 나아가, 화폐를 받고 고용되는 무산 일용노동자 계급의 형성을 필연적으로 수반할 뿐만 아니라, 이러한 계급의 형성이 화폐지대로의 전화에 선행하기까지 한다. 이 새로운 계급이 아직은 산발적으로밖에 등장하지 않는 그 발생기의 경우, 지대 지불 의무를 지는 농민 내에 비교적 번영하는 층들 사이에는 자기 자신의 농사를 위해 농업 임노동자를 착취하는 관습이 필연적으로 발전한다. 이는 봉건시대에 비교적 부유한 예농이 그들 자신에 더해 다시 예농을 고용하고 있던 것과 똑같다. 이런 식으로 그들은 일정 정도의 부를 축적하여 스스로 미래의 자본가로 탈바꿈할 가능성을 점차 얻게 된다. 구래의, 자기 노동에 기초한 토지 소유자 자신들이 바로 자본주의적 차지농의 양성소를 탄생시키는 주역인데, 이러한 차지농의 발전은 농촌 밖에서의 자본주의적 생산의 일반적 발전에 의해 제약된다.(『자본』3권)

"농촌 인구 일부의 수탈과 추방은 산업자본을 위해 노동자들과 그들의 생활수단 및 노동재료를 분리시켜놓을 뿐만 아니라, 국내 시장을 창조한다."(『자본』1권) 한편 농촌 인구의 빈곤화와 파산은 자본을 위한 노동예비군 창출에 일익을 담당한다. 따라서 모든 자본주의 나라들에서 "농촌 인구의 일부는 도시 프롤레타리아트 또는 매뉴팩처(즉 비농업) 프롤레타리아트로 끊임없이 이행하는 중에 있다. …… 그리하여 상대적 과잉인구의 이 원천은 끊임없이 유출되고 있다. …… 따라서 농업노동자는 임금이 최저한까지 억눌리며, 항상 한 발은 이미 궁민(窮民) 상태의 늪에 담그고 있는 실정이다."(『자본』 1권) 농민의 자기 경작지에 대한 사적소유는 소생산의 기초이며, 소생산의 번영, 소생산의 고전적 형태로의 발전을 위한 조건이다. 그러나 이러한 소생산은 생산 및 사회의 협소하고 원시적인 틀 안에서만 가능하다. 자본주의 아래서 농민의 착취는

공업 프롤레타리아트에 대한 착취와 단지 형태에서만 구별될 뿐이다. 착취자는 같다. 즉 자본이다. 개개의 자본가는 저당과 고리대를 통해 개개의 농민을 착취한다. 자본가계급은 국가 조세를 통해 농민계급을 착취한다.(『프랑스의 계급투쟁*The Class Struggles in France*』)

"이제 농민의 분할지는, 자본가가 경지에서 이윤과 이자와 지대를 끌어내면서, 토지 경작자의 임금을 어떻게 염출해낼 것인가 궁리해야 하는 일을 경작자 자신에게 떠넘겨버릴 수 있게 해주는 구실에 지나지 않는다."(『브뤼메르 18일*The Eighteenth Brumaire*』) 대개 농민은 자본주의 사회에—즉 자본가계급에게—임금의 일부분까지 내다 바치고, "아일랜드 소작인의 수준"으로 영락한다. 이 모든 것이 사적소유자라는 구실 아래 일어난다.(『프랑스의 계급투쟁』)

그러면 "소농 분할지 소유가 지배적인 나라들에서의 곡물 가격이 자본주의적 생산양식의 나라들에서보다 더 낮은 원인들 중 하나"는 무엇인가?(『자본』 3권) 이것은 농민이 사회에(즉 자본가계급에게) 자신의 잉여생산물 일부분을 무상으로 넘겨주기 때문이다. "따라서 이러한 (곡물 및 기타 농업 생산물의) 낮은 가격은 생산자의 빈궁의 결과지, 결코 그들의 노동생산성의 결과가 아니다."(『자본』 3권) 소생산의 정상적 형태인 소토지 보유는 자본주의하에서는 퇴화하고 파산하며 멸망한다.

분할지 소유는 그 본성상 노동의 사회적 생산력의 발전과 노동의 사회적 형태들과 자본의 사회적 집적과 대규모의 목축과 과학의 누진적 응용을 배제한다. 고리대와 조세제도는 어디서나 분할지 소유를 빈곤화시키게 마련이다. 토지 구입에 들어간 자본 지출은 그만큼의 자본을 경작으로부터 회수한다. 생산수단의 끝없는 파편화와 생산자 자신의 고립화

(협동조합, 즉 소농민의 연합은 극히 진보적인 부르주아적 역할을 하면서도, 이러한 경향을 약화시킬 뿐, 없애지는 못한다. 또한 잊어서는 안 될 것은 이러한 협동조합이 부농에게는 커다란 이익을 주지만 빈농대중에게는 매우 적은—없는 것이나 마찬가지인—이익밖에 주지 않는다는 점이다. 결국 협동조합 자신이 임노동의 착취자가 되는 것이다.)

"인간 에너지의 막대한 낭비, 생산조건의 누진적인 악화,

그리고 생산수단의 가격등귀는 분할지 소유의 필연적 법칙이
다."(『자본』 3권) 공업에서처럼 농업에서도 자본주의가 생산과정
을 개조하는 것은 오직 "생산자의 순교"라는 대가를 치른 다
음이다.

집적으로 인해 저항력이 커지는 도시노동자와는 달리, 농업
노동자는 비교적 광범한 지역에 퍼져 있어 그들의 저항력은 약
화된다. 도시 공업에서와 마찬가지로 근대 농업에서는 노동의
생산성의 증대와 그 유동화의 증진이 노동력 자체가 황폐해지
고 쇠약해지는 대가로 얻어진다. 게다가 자본주의적 농업에서
의 모든 진보는 노동자 약탈 기술만이 아니라, 토지 약탈 기술
에서의 진보다. …… 그러므로 자본주의적 생산은 모든 부의 원
천인 토지와 노동자를 파멸시킴으로써 비로소 기술을 발전시
키고, 다양한 생산과정을 하나의 사회적 생산과정으로 결합시
킨다.(『자본』 3권)

사회주의

마르크스는 앞에서 보듯이 명확하게, 자본주의 사회가 사회주의 사회로 전화할 수밖에 없는 불가피성을 오직 전적으로 근대 사회의 경제적 운동법칙으로부터 도출해냈다. 수천의 형태로 더욱더 급속히 진전을 이루고 있고, 마르크스 사후의 반세기 동안 대규모 생산이 성장하고 자본주의 카르텔·신디케이트·트러스트가 성장하고 금융자본의 규모와 위력이 거대하게 증대하는 와중에도 매우 뚜렷하게 나타난 노동의 사회화가 바로 사회주의의 불가피한 도래를 위한 주요 물질적 기초다. 이러한 전화의 지적·도덕적 동력이자 물리적 집행자가 바로 자본주의에 의해 훈련된 프롤레타리아트다. 부르주아지에 대한 프롤레타리아트의 투쟁은 다양한 형태로 표현되고 그 내용이 더욱더 풍부해지면서, 불가피하게 정치투쟁, 즉 프롤레타리아트가 정치권력을 획득('프롤레타리아트의 독재')하려는 정치투쟁이 일어난다. 생산의 사회화는 생산수단이 사회의 소유가 되는, '수탈자가 수탈되는' 결과로 이행되지 않을 수 없다. 노동생산성의 거대한 상승, 노동시간의 단축, 원시적이고 분산적인 소생산의 유물과 잔해를 치워낸 자리에 개량된 집단적 노동이 출현하는 것 등이 그러한 이행의 직접적인 결과다. 자본주의는 농업과 공업 간의 연관을 최종적으로 단절시키지만 동시에 그 가장 높은 발전단계를 거치면서 그러한 연관의 새로운 요소들을 준비한다. 즉 과학의 의식적인 응용과 집단적 노동의 결합에 기초하며, 인류 거주지의 재배치(이를 통해 농촌의 낙후함, 외부로부터의 격리, 미개성과 대도시에 방대한 인민대중의 부자연한 밀집 등 양쪽 모두에 종지부를 찍는)에 기초한 농공 결합을 만들어 내는 것이다. 가족의 새로운 형태와 여성의 지위 및 미성년 세대의 양육에 대한 새로운 조건들이 오늘날 자본주의의 최고 형태에 의해 준비되고 있다. 여성노동과 아동노동, 자본주의에 의한 가부장제 가족의 해체는 현대 사회에서 불가피하게 가장 끔찍하고 비참하고 혐오스러운 형태로 나타난다. 그럼에도 불구하고,

대공업은 가사의 영역 밖에 있는 사회적으로 조직된 생산 과정에서 부인, 미성년자 및 남녀아동에게 중요한 역할을 부여함으로써 보다 높은 형태의 가족과 양성관계를 위한 새로운 경제적 기초를 창출한다. 기독교-게르만적 가족 형태를 절대적이고 최종적인 것으로 여기는 것은 고대 로마적 형태나 고대 그리스적 형태 또는 동양적 형태를 절대적이라고 생각하는 것만큼이나 당연히 터무니없는 것이다(더군다나 이들 가족 형태들은 서

로 하나의 역사적 발전 계열을 형성한다). 모든 연령의 남녀 개인으로 결합 노동집단이 구성되고 있다는 것이 적당한 조건 아래서는 필시 인간적 발전의 원천이 될 것이라는 점만큼은 분명하다. 물론 그것(결합 노동집단)의, 자연발생적으로 발전한 야만적이고 자본주의적인 형태—노동자를 위해 생산과정이 존재하는 것이 아니라 생산과정을 위해 노동자가 존재하는—에서는 그 점이 타락과 노예 상태를 가져올 화근이지만 말이다.(『자본』 1권)

공장제도는 "미래 교육의 싹"을 담고 있다. 이

미래 교육은, 사회적 생산을 증대시키기 위한 하나의 방법일 뿐만 아니라 전면적으로 발달한 인간을 생산하는 유일한 방법으로서, 일정 연령 이상의 모든 아동을 위해 생산적 노동과 학과 및 체육을 결합시켜줄 것이다.(같은 책)

마르크스의 사회주의는 민족과 국가의 문제들도 이와 동일한 역사적 기반 위에서 제기하고 있는데, 이는 단지 과거를 설명한다는 의미에서만이 아니라, 미래에 대해 대담하게 예견하고 그것의 실현을 위해 대담하게 실천적 행동을 한다는 의미에서다. 민족은 사회적 발전의 부르주아 시대의 불가피한 산물이며 불가피한 형태다. 그리고 노동자계급은 "자기 자신을 민족으로서 구성"하지 않고는, "민족적"("그 말의 부르주아적 의미는 아니라 하더라도")이지 않고서는 강력해질 수도, 성숙해질 수도, 형체를 갖출 수도 없었다. 그러나 자본주의의 발전은 점차 민족적 장벽을 허물고, 민족적 고립을 근절하고, 민족적 적대 대신에 계급적 적대를 그 자리에 앉혀놓는다. 그러므로 "노동자에게는 조국이 없다"는 말과, 노동자들의 단결 행동─적어도 문명국들의─이 "프롤레타리아트의 해방을 위한 우선적 조건의 하나"라는 말은 발달한 자본주의 나라들에서는 완전한 진리다.(『공산당 선언』) 조직된 강제인 이 국가는 사회의 일정 발전 단계에서, 사회가 화해할 수 없는 계급들로 분열되어 있으며, 외형상 사회 위에 있고 어느 정도까지는 사회로부터 분리되어 있는 '권력' 없이는 사회가 존립할 수 없게 된 때에 불가피하게 발생했다. 계급모순으로부터 등장한 국가는 "가장 강력하고 경제적으로 지배적인 계급의 국가가 된다. 그 계급은 국가를 통해 정치적으로도 지배적인 계급이 되며, 그리하여 피억압계급을 억압하고 착취하는 새로운 수단을 획득한다. 이렇게 하여 고대 국가는 무엇보다도 노예 억압을 목적으로 하는 노예 소유주의 국가였으며, 봉건 국가는 농노 및 예농 억압을 위한 귀족의 기관이었다. 근대 대의제 국가가 자본에 의한 임노동 착취의 도구이듯이 말이다."(엥겔스, 『가족, 사유재산, 국가의 기원The Origin of the Family, Private Property and the State』. 이 책에서 엥겔스는 자신과 마르크스의 견해를 상세히 설명하고 있다.) 부르주아 국가의 가장 자유롭고 가장 진보적인 형태인 민주공화국조차도 이 점을 조금도 제거하지 못하며, 단지 그것의 형태를 약간 완화시킬 뿐이다(정부와 증권거래소의 유착, 국가 관료와 언론의 직간접적 매수 등). 사회주의는 계급의 폐절을, 그럼으로써 또한 국가의 폐절을 가져올 것이다. 엥겔스는 『반뒤링론』에서 다음과 같이 쓰고 있다. "국가가 자신을 실제로 전 사회의 대표자로서 나타내는 첫 행위—사회의 이름으로 생산수단을 장악하는 것—는 동시에 국가가 국가로서 수행하는 마지막 독자적 행위다. 국가가 사회관계에 간섭하는 것은 하나의 분야에서 다른 분야로 차례로 불필요하게 되며, 그러고 나서는 자연히 멈춘다. 인간에 대한 통치를 대신하여 사물에 대한 관리와 생산과정에 대한 지도가 그 자리에 들어선다. 국가는 '폐지'되는 것이 아니라, 고사(枯死)한다."

생산자들의 자유롭고 평등한 연합에 기초하여 생산을 새로이 조직하는 사회는 국가기구 전체를 그것이 이제 귀속될 곳으로, 즉 고고박물관으로 옮겨 물레, 청동도끼와 나란히 전시하게 될 것이다.(엥겔스, 『가족, 사유재산, 국가의 기원』)

끝으로, 수탈자가 수탈당하는 시기에도 계속해서 존재할 소농민에 대해 마르크스의 사회주의는 어떤 태도를 취하는가? 이에 관해서는 그의 사상을 대변해주고 있는 엥겔스의 진술을 들어봐야 한다.

우리가 국가권력을 거머쥐고 있을 때 대토지 소유자에 대해 우리가 하지 않으면 안 되는 강제 수탈을(유상이냐 무상이냐에 관계 없이) 소농에 대해서는 생각조차 하지 않을 것이다. 소농에 대한 우리의 임무는 일차적으로 그의 사적 경영과 사적소유를 협동조합 경영과 협동조합 소유로 이전시켜놓는 데 있다. 강제력을 통해서가 아니고 실례와, 이 목적을 위한 사회적 원조의 제공을 통해서 말이다. 그리고 그것이 유리하다는 것을 소농에게 보여줄 수단을, 분명히 우리는 충분하게 준비해놓고 있을 것이다. 이것의 유리함은 이미 오늘날에도 소농에게 틀림없이 이해될 것이다.(엥겔스, 『프랑스와 독일의 농민 문제*The Peasant Question in France and Germany*』, 알렉세예바판, 17쪽. 이 러시아어판에는 오역이 있다. 원문은《노이에 차이트》17호에 실려 있다.)

프롤레타리아트 계급투쟁 전술

마르크스는 일찍이 1844~5년에 구 유물론의 근본 결함 가운데 하나, 즉 실천적인 혁명 활동의 조건들을 이해하지 못한 점 또는 그 중요성을 인식하지 못한 점을 검토한 뒤에, 자신의 전 생애를 통해 이론적 작업과 병행하여 프롤레타리아트 계급투쟁의 전술적 문제에 끊임없이 주의를 기울였다. 마르크스의 모든 저작, 특히 1913년에 발간된 네 권으로 된 그와 엥겔스의 『왕복서한집』에는 이에 관한 방대한 양의 자료가 담겨 있다. 이 자료는 아직 완전히 수집·정리되지 않았고, 조사와 연구 또한 다 이루어지지 않았다. 따라서 우리는 여기에서 극히 일반적으로 간단하게 언급하는 것으로 그쳐야만 할 텐데, 다만 강조하자면, 합당하게도 마르크스는 이러한 측면이 결여된 유물론은 불완전하고 일면적이며 죽은 것이라고 생각했다는 것이다. 마르크스는 프롤레타리아 전술의 근본 임무를 그의 유물변증법적 세계관의 모든 전제와 엄밀하게 일치시켜 규정하였다. 한 사회의 모든 계급들 간의 관계의 총체를 객관적으로 고려하는 것만이, 그것을 통해 그 사회가 도달한 객관적 발전단계 및 그 사회와 다른 사회들 간의 관계를 고려하는 것만이, 선진적인 계급의 올바른 전술을 위한 기초로 복무할 수 있다. 동시에 모든 계급 및 모든 나라는 정태적으로가 아니라 동태적으로, 즉 정지 상태에서가 아니라 운동(그것의 법칙은 각 계급의 경제적 존재 조건에 의해 규정된다) 속에서 고찰된다. 한편 운동은 과거뿐만 아니라 미래의 관점에서도 고찰되며, 그것도 완만한 변화만을 보는 '진화주의자'가 이해하는 바의 속류적 의미에서가 아니라 변증법적으로 고찰된다. 마르크스는 엥겔스에게 보낸 편지에서 이렇게 쓰고 있다. "이러한 위대한 역사적 발전에서는 20년은 하루"와도 같다. "물론 그후에는 20년을 하루로 압축한 날들이 올 수도 있겠지만 말이다."(『왕복서한집』 3권, 127쪽)[II]

　어떠한 발전단계에서도, 어떠한 계기에서도 프롤레타리아 전술은 이렇게 객관적으로 필연적인 인류 역사의 변증법을 고려해, 한편으로는 정치적 정체의 시기, 또는 거북걸음 같은 이른바 '평화적인' 발전의 시기를 선진적인 계급의 계급의식과 힘과 투쟁 능력을 발전시키는 데 활용하고, 다른 한편으로는 이러한 활용 작업 전체를 이 계급의 전진의 '궁극 목표' 쪽으로 기울여, "20년을 하루로 압축한" 위대한 날들이 올 때 위대한 임무를 실천적으로 해결할 수 있는 능력을 이 계급 안에서 만

[II]　마르크스가 엥겔스에게 보낸 1863년 4월 9일자 편지를 보라.—원서 편집자

들어낼 수 있도록 해야 한다. 이 점에서 마르크스의 다음과 같은 두 고찰은 특히 중요하다. 하나는 『철학의 빈곤』에 있는 프롤레타리아트의 경제투쟁과 경제적 조직에 관한 고찰이고, 다른 하나는 『공산당 선언』에 있는 프롤레타리아트의 정치적 임무에 관한 고찰이다. 전자는 다음과 같다.

대공업은 서로 알지 못하는 다수의 인간을 한 장소로 끌어모은다. 경쟁은 그들의 이해관계를 분열시킨다. 그러나 임금의 유지라는, 그들이 자신의 고용주에 대해 갖는 이 공통의 이해관계가 반항이라는 공통의 생각으로 그들을 결합시킨다. 즉 단결이다. …… 처음에는 고립되어 있던 단결은 스스로를 집단으로 구성하며 …… 언제나 단결해 있는 자본을 앞에 두고 그들〔노동자들〕에게는 결사의 유지가 임금의 유지보다 더 중요해진다. …… 이러한 투쟁—정말이지 내란이라고 해야 할 것—속에서 다가오는 전투에 필요한 모든 요소가 결합하고 발전한다. 일단 이 지점에 도달하면 결사는 정치적 성격을 띤다.(마르크스, 『철학의 빈곤』, 1847년)

바로 여기에 다가올 수십 년에 걸친 경제투쟁과 노동조합 운동의 강령과 전술이 담겨 있다. 그 "다가오는 전투"에 대비해 프롤레타리아트가 자신의 군세를 훈련하는 긴 기간 전체에 대한 강령과 전술 말이다. 이에 대해서는 영국 노동운동의 사례를 들어 마르크스와 엥겔스가 지적한 다음과 같은 수많은 언급들과 비교해서 살펴볼 필요가 있다. 산업의 '번영'이 어떻게 "프롤레타리아트를 매수"(『왕복서한집』 1권, 136쪽)[12]하고 그들을 투쟁에서 빼돌리려는 시도를 불러일으키는가, 일반적으로 이러한 번영이 어떻게 "노동자들을 타락"(2권, 218쪽)시키는가, 영국의 프롤레타리아트가 어떻게 "부르주아화"—"모든 국민 중이 가장 부르주아적인 국민[영국민]은 종국에는 부르주아지와 나란히 부르주아적 귀족과 부르주아적 프롤레타리아트를 가지고 싶어하는 것처럼 보인다"(2권, 290쪽)[13]—되어 있는가, 영국 프롤레타리아트의 "혁명적 에너지"가 어떻게 소멸해나가고 있는가(3권, 124쪽), "영국 노동자들이 겪고 있는 것으로 보이는 부르주아적 감염에서 헤어날" 때까지는 얼마나 긴 시간 동안 기다리지 않으면 안 되는가(3권, 127쪽), 영국 노동운동이 얼마나 "예전 차티스트의 열정을 잃고 있는가"(3권, 1866년, 305쪽), 영국 노동자 지도자들이 얼마나 "급진적 부르주아와 노동자" 사이의 중간자가 되어가고 있는가(4권, 209쪽), 영국의 독점때문에 그리고 이 독점이 지속하는 한 얼마나 "영국 노동자는 꼼짝 안 하고 그대로 있을 것인가?"(4권, 433쪽)[14] 여기에서 경제

12 엥겔스가 마르크스에게 보낸 1851년 2월 5일자 편지를 보라.—원서 편집자
13 엥겔스가 마르크스에게 보낸 1857년 12월 17일자 및 10월 7일자 편지를 보라.—원서 편집자

투쟁의 전술이 노동계급 운동의 일반적 진행(및 그 결과)과 관련하여, 아주 광범위하고 전면적인 관점, 변증법적이고 진정으로 혁명적인 관점으로 고찰되고 있다.

『공산당 선언』에는 정치투쟁의 전술에 관한 근본적인 마르크스주의적 원칙이 제시되어 있다. "공산주의자는 노동자계급의 당면 목적과 이익을 위해 투쟁하지만, 그와 동시에 현재의 운동에서 이 운동의 미래를 대변하고 관심을 기울인다." 이것이 바로 마르크스가 1848년에 폴란드의 '농민혁명당', 즉 '1846년 크라코프 반란을 일으킨 당'[15]을 지지한 이유였다.

독일에서 마르크스는 1848년과 1849년에 가장 급진적인 혁명적 민주주의 분파를 지지했으며, 그후에도 그는 당시 자신이 전술에 대해 언급했던 내용을 결코 철회하지 않았다. 그는 독일 부르주아지를 "처음부터 인민을 배반하고"(농민과의 동맹만이 부르주아지가 자신의 목적을 완전히 달성할 수 있게 해주었을 것이다) "구 사회의, 왕관을 쓴 대표자들과 타협하는 경향을 가진"

14 엥겔스가 마르크스에게 보낸 1869년 11월 19일자 및 1881년 8월 11일자 편지를 보라.—원서 편집자

15 1815년에 오스트리아와 프로이센과 러시아의 공동 통제하에 크라코프 공화국이 세워졌으며, 크라코프 반란은 이 나라에서 일어난 민족 해방을 위한 민주주의 봉기다. 봉기자들은 거국정부를 세워 봉건 부역을 폐지하고 농민에게 무상으로 토지를 부여한다는 공약을 선포했다. 또한 거국정부는 더 높은 임금을 주는 국민 작업장을 설립하고 모든 시민이 평등한 권리를 누리게 할 것이라고 선포했다. 그러나 봉기는 곧 진압되었다.—원서 편집자

요소라고 보았다. 다음 인용문은 부르주아 민주주의 혁명기에 독일 부르주아지의 계급적 지위에 관해 마르크스가 제시한 총괄적 분석이다. 덧붙여 말하면 이 분석은 사회를 운동 속에서 고찰할 뿐만 아니라, 운동의 역행적 측면으로부터 고찰하는 것으로만 끝나지 않는 유물론의 모범이다.

　자기 자신을 신뢰하지도 않고, 인민을 신뢰하지도 않는, 위에 대해서는 투덜거리고, 아래에 대해서는 벌벌 떠는 …… 세계의 폭풍에 겁을 내는 …… 어느 점에서도 무기력하고, 모든 점에서 표절하는 …… 독창성이 결여되어 있는 …… 강건한 인민의 첫 혈기왕성한 충동을 자신의 노쇠한 이익 쪽으로 유도하여 방향을 돌려놓는 것이 자기 운명이라고 보는 저주받은 늙은이.《신라인 신문》, 1848년. 『유고집』 3권, 212쪽을 보라.)[16]

　약 20년 뒤에 마르크스는 엥겔스에게 보낸 편지에서(『왕복서한집』 3권, 224쪽) 1848년 혁명이 실패한 이유는 부르주아지가 자유를 위한 투쟁이 열어줄 전망 정도에 도박을 걸기보다는, 예속 상태라 하더라도 평온한 쪽이 낫다고 보았기 때문이라고 지적했다. 1848~9년의 혁명적 시기가 지났을 때, 마르크스는 모든 혁명 놀음에 반대하여(샤퍼(Schapper)와 빌리히(Willich)

16　마르크스와 엥겔스, 『선집』, 1권, 69쪽, 모스크바, 1962년.—원서 편집자

에 맞선 그의 투쟁), 새로운 혁명을 사이비 '평화적' 방법으로 준비하고 있는 새로운 국면에 맞서 활동할 수 있어야 한다고 강조했다. 마르크스가 어떠한 정신으로 이러한 활동이 수행되길 바랐는가는 가장 암담한 반동기인 1856년의 독일 상황에 관한 다음의 평가에서 엿볼 수 있다. "독일에서는 일종의 농민 전쟁의 재판(再版)에 의해 프롤레타리아 혁명을 뒷받침할 수 있느냐의 여부에 모든 것이 달려 있습니다."(『왕복서한집』 2권, 108쪽)[17] 독일에서 (부르주아) 민주주의 혁명이 아직 완성되지 않은 동안에, 마르크스는 사회주의적 프롤레타리아트의 전술에서 언제나 농민의 민주주의적 에너지를 발전시키는 데 모든 주의를 집중시켰다. 그는 라살의 태도를 "객관적으로 …… 노동자 운동 전체를 프로이센에 팔아넘긴 것"(『왕복서한집』 3권, 210쪽)이라고 보았는데, 그것은 특히 라살이 융커와 프로이센의 민족주의를 묵인했기 때문이라고 했다. 엥겔스는 1865년에 자신과 마르크스가 막 신문에 발표하려는 공동성명과 관련하여 마르크스와 의견을 교환하면서 다음과 같이 말했다.

"압도적인 농업국에서 공업 프롤레타리아트의 이름으로 오로지 부르주아지에 대해서만 공격하면서, 대봉건귀족의 채찍 아래 있는 농촌 프롤레타리아트의 가부장적 착취에 대해서는 한마디도 하지 않는 것은 비열한 짓이다."(『왕복서한집』 3권,

17 마르크스가 엥겔스에게 보낸 1856년 4월 16일자 편지를 보라.—원서 편집자

독일에서 부르주아 민주주의 혁명의 완성기, 즉 프로이센과 오스트리아의 착취계급들이 **위로부터** 어떤 식으로든 이 혁명을 완성하고자 투쟁하고 있던 시기가 마무리되는 1864년부터 1870년까지, 마르크스는 비스마르크에게 추파를 던진 라살을 비난했을 뿐만 아니라, '친오스트리아주의'와 지방 분립주의 옹호로 빠져든 빌헬름 리프크네히트의 오류에 대해서도 지적했다. 마르크스는 비스마르크와도, 친오스트리아주의자와도 똑같이 무자비하게 투쟁하는 혁명적 전술을 요구했다. 즉 '승리자'—프로이센 융커—에 장단을 맞추는 것이 아니라, 프로이센의 군사적 승리에 의해 만들어진 조건에**도 불구하고** 즉각 이 승리자에 대항하는 혁명적 투쟁을 전개하는 전술을 요구한 것이다.(『왕복서한집』 3권, 134, 136, 147, 179, 204, 210, 215, 418, 437, 440~1쪽)

마르크스는 1870년 9월 9일의 유명한 인터내셔널 선언에서, 프랑스 프롤레타리아트에게 때 이른 봉기에 대해 경고했다. 그러나 그럼에도 불구하고 봉기가 일어나자(1871년), 마르크스는 "하늘을 찌르는" 대중의 혁명적 창의를 열광하며 맞이했다(쿠겔만(Kugelmann)에게 보낸 마르크스의 편지).

마르크스의 변증법적 유물론의 견지에서 볼 때, 이러한 정

---

18 엥겔스가 마르크스에게 보낸 1865년 1일 27일자와 2월 5일자 편지를 보라.—원서 편집자

세하에서는—다른 많은 정세하에서와 마찬가지로—이미 점령한 진지를 포기하거나 싸우지 않고 항복하는 것보다는 혁명적으로 투쟁하다 패배하는 쪽이 프롤레타리아 투쟁의 일반적 진행과 결과에 가장 해가 적었다. 전자의 방식으로 항복했다면, 프롤레타리아트의 사기를 완전히 떨어뜨리고 투쟁 능력을 약화시켰을 것이다. 마르크스는 정치적 정체와 부르주아적 합법성이 지배하는 시기에 합법적 투쟁 수단을 이용하는 것의 가치를 충분히 인식하고 있었으므로, 사회주의자탄압법[19]이 발포된 뒤인 1877~8년에 모스트(Most)의 '혁명적 공문구'를 신랄하게 비난했다. 하지만 공식 사회민주당이 사회주의자탄압법에 맞서 즉시 단호함과 강고함, 혁명적 기백과 비합법 투쟁에 대한 결의를 나타내지 않고 한동안 기회주의에 지배당한 것을 마르크스는 모스트 못지않게—더하면 더했지 결코 덜하지 않게—격렬히 공격했다(『왕복서한집』 4권, 397, 404, 418, 422, 424쪽. 조르게(Sorge)에게 보낸 편지들도 참조하라).

[19] 사회주의자탄압법은 노동계급 운동과 사회주의 운동을 억누르기 위해 1878년 비스마르크 정부가 통과시킨 법안이다. 모든 사회민주주의 조직과 대중적 노동계급 조직을 금지하고, 노동자 신문과 사회주의 문헌을 압수했으며, 사회민주당원들을 투옥하고 추방했다. 이 법안은 고양되는 노동계급 운동의 압력으로 1890년에 폐지되었다.—원서 편집자

문헌 해제

마르크스의 저작과 편지를 다 모아놓은 전집은 아직 간행되지 않았다. 마르크스의 저작은 다른 어느 나라 언어보다도 러시아어로 많이 번역되었다. 다음에 열거된 마르크스의 저작목록은 연대순으로 정리한 것이다. 1841년에 마르크스는 에피쿠로스 철학을 주제로 한 학위논문을 썼다(이 논문은 『유고집』에 실려 있는데, 이에 대해서는 나중에 좀 더 언급할 것이다). 이 논문에서는 여전히 전적으로 헤겔학파 관념론의 입장에 서 있었다. 1842년에 마르크스는 《라인 신문》(쾰른)에 글을 기고했는데, 기고글 중에는 6차 라인 주 의회에서의 자유언론 논쟁에 대한 비판과 목재 절도 단속법에 관한 논문, 그리고 신학으로부터 정치의 분리를 옹호하는 논문 등이 있었다(그 일부가 『유고집』에 실려 있다). 여기서 우리는 마르크스가 관념론에서 유물론으로, 혁명적 민주주의에서 공산주의로 이행하는 신호들을 볼 수 있다. 1844년 파리에서 마르크스와 아놀드 루게가 편집한 《독불연보》가 나왔는데, 여기서 그러한 이행이 최종적으로 완성되었다. 이 잡지에 발표된 마르크스의 논문들 중 특히 주목할 가치가 있는 것은 『헤겔 법철학 비판*A Criticism of the Hegelian Philosophy of Right*』(『유고집』에 실렸을 뿐 아니라 단행본으로도 간행되었다)과 『유대인 문제에 대하여*On the Jewish Question*』(마찬가지로 『유고집』에 실려 있다. 즈나니예 출판사가 문고판 210번으로 냈다)다. 1845년에 마르크스와 엥겔스는 프랑크푸르트 암 마인에서 공저로 소책자 『신성가족. 브루노 바우어와 그 일파에 대한 반론 *The Holy Family. Against Bruno Bauer and Co*』을 발표했다(『유고집』 외에 소책자로 러시아어판 두 가지가 있는데, 하나는 1906년 페테르부르크의 노비골로스 출판사에서, 또 하나는 1907년 페테르부르크의 베시니크 즈나니야 출판사에서 간행되었다). 1845년 봄에 마르크스는 포이어바흐에 관한 테제를 썼는데, 이 글은 프리드리히 엥겔스의 소책자 『루트비히 포이어바흐』의 부록으로 출판되었다(러시아어 번역본이 있다). 1845~7년에는 《포어베르츠》, 《재(在)브뤼셀 독일인 신문*Deutsche Brässeler-Zeitung*》(1847년), 《베스트팔렌 담프보트*Westphalisches Dampboot*》(빌레펠트, 1845~8년), 《게젤샤프트슈피겔*Gesellschatsspiegel*》(엘버펠트, 1846년) 등의 신문에 수많은 글들(그 대부분이 수집되지도, 재출간되지도 않았다. 러시아어로 번역되지 않았다)을 기고했다. 1847년에는 프루동의 저서 『빈곤의 철학*The Philosophy of Poverty*』에 답하는 형식으로 프루동을 반박하는 주요 저작 『철학의 빈곤』을 집필했다. 이 책은 브뤼셀과 파리에서 출판되었다(러시아어판으로는 노비미르 출판사에서 낸 세 종류가 있는데, 르보비치본, 알렉세예바본, 프로스베쉬체니예 출판사본으로 모두 1905~6년에 나왔다). 1848년에는 『자유 무역에 관한 연설*Speech on Free Trade*』(러시아어 번역본이 있다)이 출판되었고, 뒤이어 런던에서 엥겔스와의 공저로 저 유명한 『공산당 선언』이 출판되었다. 이 책은 유럽의 모든 나라 언어로 번역되었고, 다수의 다른 지역 언어로도 번역되었다(1905~6년에 러시아어판으로 몰로트본, 콜로콜본, 알렉세예바본 등 약 8종이 나왔는데, 대부분 압수되었다. 이 번역본들은 다양한 제목으로 나왔다. "공산당 선언", "공산주의에 대하여", "사회계급과 공산주의", "자본주의와 공산주의", "역사철학" 등. 완전하고 가장 정확한 번역본은—마르크스의 다른 저작들의 번역도 그렇듯이—노동해방단이 국외에서 낸 판본들일 것이다). 1848년 6월 1일부터 1849년 5월 19일까지 마르크스가 편집장을 맡은 《신라인 신문》이 쾰른에서 발행되었다. 오늘날까지도 혁명적 프롤레타리아트의 비할 데 없이 가장 뛰어난 기관지인 이 신문에 마르크스는 수많은 글들을 썼는데, 이 글들은 아직 수집, 완간되지 못했다. 그 중 가장 중요한 것이 『유고집』에 수록되어 있다. 이 신문에 실린 『임금노동과 자본*Wage-Labour and Capital*』은 소책자로 거듭 발행되었다(러시아어판으로는 1905년과 1906년에 코즈만본, 몰로트본, 미야그코프본, 르보비치본이 나왔다). 또 같은 신문에 『주도권을 잡은 자유주의자들*The Liberals at the Helm*』(1901년에 페테르부르크에서 즈나니예 출판사의 문고판 272번으로 출판되었다)도 실렸다. 1849년에는 쾰른에서 『두 개의 정치 재판*Two Political Trials*』(마르크스가 자신을 변호하기 위해 쓴 두 편의 연설문이다. 마르크스는 언론법을 어기고 정부에 대한 무장투쟁을 요구했다는 죄목으로 재판에 회부되었는데 배심원단으로부터 무죄를 선고받았다)이 출판되었다. 러시아어판으로는 알렉세예바본, 몰로트본, 미야그코프본, 즈나니예본, 노비미르본 등 5종이 1905~6년에 나왔다. 1850년에 마르크스는 함부르크에서 잡지《신라인 신문〔정치경제평론〕》을 6호 출판했다. 거기에 발표된 가장 중요한 논문들이『유고집』에 수록되어 있다. 특히 주목할 만한 것은 1895년 엥겔스에 의해 소책자로 재출판된『1848~1850년 프랑스의 계급투쟁*Class Struggles in France, 1848~1850*』이다 (러시아어판으로는 말리흐 문고 59~60번이 있다. 또 바자로프〔Bazarov〕와 스테파노프〔Stepanov〕가 공역해서 1906년 페테르부르크의 스키르문트 출판사에 의해 간행된『역사저작집*Collection of Historical Works*』에도 실려 있다. 그리고 1912년 페테르부르크에서 간행된『20세기의 사상과 견해 *Thoughts and Views of the 20th Century*』에도 실려 있다). 1852년에는 마르크스의 한 소책자가 뉴욕에서『루이 보나파르트의 브뤼메르 18일*The Eighteenth Brumaire of Louis Bonaparte*』이라는 제목으로 간행되었다(러시아어판은 위에서 언급한 출판사들에서 나왔다). 같은 해에『쾰른 공산당 재판의 진상*Enthüllungen fiber den Communistenprozess in Köln*』이라는 제목으로 소책자가 런던에서 발행되었다(러시아어 번역서는『쾰른 코뮌파 재판*The Cologne Trial of the Communards*』이라는 제목으로 나왔다. 대중과학문고 43번이며, 페테르부르크에서 1906년 10월 28일에 출간됐다).

1851년 8월부터 1862년까지[20] 마르크스는 《뉴욕 트리뷴 *New York Tribune*》의 정기 기고가였는데, 그가 기고한 글 중 많은 것이 필자의 이름을 밝히지 않은 채 편집국 논설로 발표되었다. 이 글들 중 가장 뛰어난 것은 『독일의 혁명과 반혁명 *Revolution and Counter-Revolution in Germany*』에 실린 일련의 글들이다. 이 책은 마르크스와 엥겔스 사후 독일어로 번역되어 나왔다(러시아어 번역은 바자로프와 스테파노프가 공역한 논문집이 있다. 다음으로 소책자 형태로는 알렉세예바본, 오브체스트베나야 포이자본, 노비 미르본, 프세오브쉬차야 비볼리오테카본, 몰로트본 등 5종이 1905~6년에 발행되었다). 《트리뷴》에 실린 마르크스의 글들 중 일부가 런던에서 단행본 소책자들로 출판되었다. 예를 들어 1856년에 팔머스톤(Palmerston)에 대해 쓴 『18세기 외교사의 폭로 *Revelations of the Diplomatic History of the 18th Century*』(영국의 자유당 소속 장관들이 항상 러시아에 매수되어 종속되었던 것을 논한 소책자다) 등이 있다. 마르크스 사후에 그의 딸 엘리너 아벨링이, 동방 문제를 다룬 마르크스의 《트리뷴》 기사들을 『동방 문제 *The Eastern Question*』(런던, 1897년)라는 제목으로 출판

20 레닌 주 이 연도가 기존 논문들에는 잘못 기재되어 있다. 『국가학 사전 *Handwörterbuch der Staatswissenschaften*』 6권 603쪽에 실린 엥겔스의 마르크스에 관한 논문과 1911년에 간행된 『브리태니커 백과사전 *Encyclopædia Britannica*』 11판에 실린 베른슈타인의 마르크스에 관한 논문에서 모두 이 연도가 1853~60년으로 기재되어 있다. 1913년에 출판된 마르크스와 엥겔스의 『왕복서한집』을 보라.

했다. 그 일부가 러시아어로 다음과 같은 제목으로 번역되어
나왔다. "전쟁과 혁명" 1분책, 마르크스·엥겔스 "미발표논문
집"(1852·1853·1854년), "하르코프"(1919년, 우리의 사상 문고). 마르
크스는 1854년 말부터 1855년까지 《노이에 오더 차이퉁Neue
Oder-Zeitung》에, 1861~2년에는 빈에서 발행되는 신문 《프레
세Presse》에 기고를 했다. 이 글들은 수집되지 못했고, 마르크
스의 수많은 편지와 마찬가지로 그 중 극히 일부만 《노이에 차
이트》에 발표되었을 뿐이다. 1859년의 이탈리아 전쟁에 대한
외교사를 다룬, 《인민Das Volk》(런던, 1859년)에 발표한 글들도
마찬가지다. 1859년에는 『정치경제학 비판』이 베를린에서 출
판되었다(러시아어 번역은 마누일로프 편집본[모스크바, 1896년]과 루
미얀체프 번역본[페테르부르크, 1907년]이 있다). 1860년에는 소책자
『포크트 씨』가 런던에서 출판되었다.

1864년에 마르크스가 쓴 『국제노동자협회 선언Address of
the International Workingmen's Association』이 런던에서 나왔
다(러시아어판도 있다). 마르크스는 인터내셔널 총평의회의 수많
은 선언과 회람과 결의의 기초자다. 이 자료들은 전혀 정리되
지 않았을 뿐 아니라 수집조차 되어 있지 않다. 이 작업의 첫
시도가 구스타프 예크(Gustav Jaeckh)의 책 『인터나치오날레Die
Internationale』(러시아어 번역서는 1906년 페테르부르크의 즈나니예 출
판사에서 나왔다)인데, 그 책에는 마르크스의 편지들과 그가 기
초한 결의 초안들이 수록되어 있다. 마르크스가 쓴 인터내셔

널 문서들 중에는 파리 코뮌에 대한 총평의회 선언이 있다. 이 문서는 1871년 런던에서 『프랑스 내전』이라는 제목의 소책자로 나왔다(러시아어 번역서로는 레닌이 감수한 몰로트본 등이 있다). 1862년과 1874년 사이에 마르크스는 인터내셔널 성원인 쿠겔만과 서신을 주고받았다(두 종의 러시아어판이 있다. 하나는 고이흐바르크(Goikhbarg)가 번역한 것이고, 다른 하나는 레닌이 감수한 것이다). 1867년에는 마르크스의 주저 『자본』 1권이 함부르크에서 나왔다. 2권과 3권은 마르크스 사후 엥겔스에 의해 각각 1885년과 1894년에 출판되었다. 러시아어 번역서로는 1권은 5종이 있다(1872년과 1898년에 출간된 다니엘손(Danielson)의 번역본 2종, 구르비치(E. A. Gurvich)와 자크(L. M. Zak)가 공역하고 스트루베가 감수한 것(초판은 1899년, 재판은 1905년), 또 하나는 바자로프와 스테파노프가 공동 감수한 것). 2권과 3권은 다니엘손이 번역한 것(덜 만족스럽다)과, 바자로프와 스테파노프가 공동 감수한 것(더 낫다)이 있다. 1876년에 마르크스는 엥겔스의 『반뒤링론』 집필 작업에 협력하여 원고 전체를 검토했고, 경제학의 역사를 다룬 한 장을 직접 썼다.

마르크스의 다음 저작들은 그가 죽은 후에 출판된 것들이다. 『고타강령 비판 *Critique of the Gotha Programme*』(페테르부르크, 1906년. 독일어로는 1890~1년 《노이에 차이트》 18호에 수록), 『가치, 가격, 이윤 *Value, Price and Profit*』(1865년 6월 26일자 강연, 《노이에 차이트》 16호, 1897~8년. 러시아어 번역서는 몰로트본(1906년)과 르보비치본(1905년)이 있다), 『카를 마르크스·프리드리히 엥겔스· 페르디난트 라살 유고집*Aus dem literarischen Nachlass von Karl Marx, Friedrich Engels und Ferdinand Lassalle*』(전3권, 슈투트가 르트, 1902년. 러시아어 번역서는 악셀로드(Axelrod) 등이 편집한 전2권, 페테르부르크, 1908년. 1권은 구르비치가 편집한 것도 있다. 모스크바에서 1907년에 출간됐다. 독립적으로 출판된, 라살이 마르크스에게 보낸 편지 는 『유고집』에 실려 있다), 『마르크스와 엥겔스 등이 조르게 등에 게 보낸 편지*Letters from K. Marx and F. Engels and Others to F. A. Sorge and Others*』(러시아어판은 두 종이다. 하나는 악셀로드가 감 수한 것이고, 또 하나는 레닌의 서문을 단 다우게 출판사본이다), 『잉여 가치학설사』(전3권, 4부, 슈투트가르트, 1905~10년. 『자본』 4권의 원고 를 카우츠키가 출판한 것이다. 그 중 1권만 러시아어로 번역되었다. 판본 은 3종이다. 플레하노프 감수, 페테르부르크, 1906년. 젤레즈노프 감수, 키 예프, 1906년. 투차프스키 감수, 키예프, 1907년). 1913년에 슈투트가 르트에서 『왕복서한집』 대형본 전4권이 출간되었는데, 여기에 는 1844년 9월부터 1883년 1월 10일까지 쓴 1,386통의 편지 가 실려 있다. 마르크스의 생애와 그의 견해를 연구하는 데 매 우 소중한 자료가 될 것이다. 1917년에는 마르크스와 엥겔스 의 저작 두 권이 나왔는데, 1852~62년 시기의 글들(독일어)이 실려 있다. 지금 이 글에는 《노이에 차이트》와 《포어베르츠》와 기타 독일어 사회민주주의 정기간행물들에 발표된 마르크스 의 짧은 글들과 편지들 중 많은 것이 소개되어 있지 않다는 점을 언급해두면서 이 마르크스 저작 목록을 맺는다. 마르크스 저작의 러시아어 번역본 목록은 의심할 바 없이 불완전한데, 1905~6년에 나온 소책자들의 경우 특히 그러하다.

마르크스와 마르크스주의에 관한 문헌은 매우 방대하다. 여기서는 가장 두드러진 것만을 소개할 것이다. 그 저자들을 대체로 다음과 같은 세 개 군으로 구분해볼 수 있을 것이다. 첫째, 중요한 문제에서 마르크스의 관점을 견지하는 마르크스주의자. 둘째, 본질적으로 마르크스주의에 적대적인 부르주아 저자. 셋째, 일부 근본적인 문제에서 마르크스주의를 받아들인다고 주장하지만, 실제로는 마르크스주의를 부르주아적 관념들로 대체시키는 수정주의자. 마르크스에 대한 나로드니키의 태도는 수정주의의, 특히 러시아적인 변종으로 간주되어야 할 것이다. 베르너 좀바르트(Werner Sombart)는 『마르크스주의 문헌 해제*Em Beitrag zur Bibliographie des Marxismus*』(사회과학·사회정치 아카이브, 20권, 2호, 1905년, 413~30쪽)에서 전혀 완전하지 않은 목록 속에 약 300종의 책 제목을 적어놓았다. 추가로는 1883~1907년 기간의 《노이에 차이트》 각 연도의 색인을 보라. 또한 요제프 슈탐하머(Josef Stammhammer)의 『사회주의·공산주의 문헌 해제*Bibliographie des Sozialismus und Kommunismus*』(전3권, 예나, 1893~1909년)도 보라. 마르크스주의에 대한 보다 상세한 문헌 해제로는 『사회과학 문헌 해제*Bibliographic der Soztalwissenschaften*』(베를린, 출판 제1연도, 1905

년 및 그 이후 연도)를 보라.

또한 루바킨(N. A. Rubakin)의 『책들 사이에서*Among Books*』 (2권, 2판)도 보라. 여기서는 가장 중요한 문헌 해제들만 소개하고 있다. 마르크스의 생애에 관한 것으로는, 무엇보다도 1878년에 브라케(Bracke)가 브룬스빅에서 출판한 『폴크스칼렌더*Volkskalender*』와 『국가학 사전*Handwörterbuch der Staatswissenschatten*』(6권, 600~3쪽)에 실린 엥겔스의 논문들을 주목해야 한다. 또 W. 리프크네히트의 『카를 마르크스를 회상하며*Karl Marx zum Gedächtniss*』(뉘렘베르크, 1896년), 폴 라파르그(Paul Lafargue)의 『카를 마르크스, 개인적 추억*Karl Marx, Persönlichee Ermnnerungen*』, W. 리프크네히트의 『카를 마르크스*Karl Marx*』(2판, 페테르부르크, 1906년), 폴 라파르그의 『카를 마르크스에 대한 나의 회상*My Recollections of Karl Marx*』 (러시아어 번역. 오데사, 1905년. 원문은 《노이에 차이트》 9호, 1책을 보라), 『카를 마르크스: 그를 회상하며*Karl Marx: In Memoriam*』 (페테르부르크, 1908년, 총 410쪽)도 있다. 『카를 마르크스: 그를 회상하며』는 Y. 네프조로프(Nevzorov), N. 로즈코프(Rozhkov), 바자로프, Y. 스테클로프(Steklov), A. 핀-예노타엡스키(Finn-Yenotayevsky), P. 루미얀체프(Rumyantsev), K. 레너(Renner), H. 롤란트-홀트(Roland-Holst), 일리인, 룩셈부르크, G. 지노비예프(Zinoviev), Y. 카메네프(Kamenev), P. 오를롭스키(Orlovsky), M. 타간스키(Tagansky) 등의 논문 모음집이다. 프란츠 메링의

『카를 마르크스*Karl Marx*』도 있다. 미국의 사회주의자 스파르고(John Spargo)가 영어로 쓴 방대한 마르크스 전기『카를 마르크스, 그의 생애와 저작*Karl Marx, His Life and Work*』(런던, 1911년)은 만족스럽지 못하다. 마르크스의 활동을 개관한 것으로는 카를 카우츠키의『카를 마르크스의 역사적 기여. 대가의 서거 25주기에 부쳐*Die historische Leistung von Karl Marx. Zum 25. Todestag des Meisters*』(베를린, 1908년)를 보라. 러시아어 번역본은『카를 마르크스와 그의 역사적 중요성*Karl Marx and His Historical Importance*』(페테르부르크, 1908년)이라는 제목으로 출판되었다. 클라라 체트킨(Clara Zetkin)의 대중적 소책자『카를 마르크스와 그의 일생의 작업*Karl Marx und sein Lebenswerk*』(1913년)도 보라. 마르크스에 대한 회고록으로는《베스트닉 예브로피*Vestnik Yevropy*》(1880년, 4호)에 실린 아넨코프(Annenkov)의 회고(또한 그의『회고록*Reminiscences*』3권, 『주목할 만한 10년*A Remarkable Decade*』(페테르부르크, 1882년))와《루스코예 보가츠트보*Russkoye Bogatstvo*》(1906년, 12호)에 실린 카를 슈르츠(Karl Schurz)의 회고, 《베스트닉 예브로피*Vestnik Yevropy*》(1909년, 6호 및 그후 호)에 실린 코발렙스키(M. Kovalevsky)의 회고가 있다.

마르크스주의 철학과 역사유물론에 관한 최고의 해설서로는 다음의 저작들이 있다. 플레하노프의『20년간*For Twenty Years*』(3판, 페테르부르크, 1909년), 『방어에서 공격으로*From Defence to Attack*』(페테르부르크, 1910년), 『마르크스주의의 근본 문제*Fundamental Problems of Marxism*』(페테르부르크, 1908년), 『우리에 대한 비판자들에 대한 비판*A Critique of Our Critics*』(페테르부르크, 1906년), 『일원론적 역사관의 발전*The Development of the Monist View of History*』(페테르부르크, 1908년) 등. 안토니오 라브리올라(Antonio Labriola)의 『유물론적 역사관에 대하여*On the Materialist View of History*』(페테르부르크, 1898년, 러시아어판), 『역사유물론과 철학*Historical Materialism and Philosophy*』(페테르부르크, 1906년), 프란츠 메링의 『역사유물론에 대하여*On Historical Materialism*』(페테르부르크, 1906년, 러시아어판, 프로스베쉬체니예본과 몰로트본 두 가지가 있다), 『레싱 전설*The Lessing Legend*』(페테르부르크, 1908년, 러시아어판, 즈나니예판)도 있다. 찰스 안들러(Charles Andler, 비마르크스주의자)의 『공산당 선언. 역사, 서론, 주해*The Communist Manifesto. History, Introduction, Comments*』(페테르부르크, 1906년, 러시아어판)도 보라. 또 엥겔스, 카우츠키, 라파르그 등의 논문 모음집인 『역사유물론*Historical Materialism*』(페테르부르크, 1908년)과 악셀로드의 『철학적 스케치. 역사유물론에 대한 철학적 비판자들에 답하며*Philosophical Sketches. A Reply to Philosophic Critics of Historical Materialism*』(페테르부르크, 1906년)도 보라. 디츠겐(Dietzgen)이 마르크스주의로부터 이탈하려고 시도한 성공적이지 못한 작업을 특별히 옹호한 것으로 운터만(E. Untermann)의 『편협한 마르크스주의의 논리

적 결함*Die logischen Mängel des engeren Marxismus*(뮌헨, 1910
년, 총 753쪽)은 방대하지만 그리 진지하지 못한 저작이다. 후
고 리케스(Hugo Riekes)의 『마르크스주의의 철학적 근원*Die
philosophische Tvurzel des Marxismus*』《종합국가학잡지*Zeitschrift
für die gesamte Staatswissenschaft*》 62번, 3호, 1906년, 407~32쪽)은 마르
크스주의적 견해에 대한 반대자가 쓴 흥미로운 저작으로, 유
물론의 관점에서 마르크스주의적 견해의 철학적 완결성을 보
여주고 있다. 베노 에르트만(Benno Erdmann)의 『유물론적 역
사관의 철학적 전제*Die philosophisehen Voraussetzungen der
materialist ischen Geschichtsaufiassung*』《입법·행정·국민 경제 연보
Jahrbuch für Gesetzgebung》(슈몰러 연보), 3호, 1907년, 1~56쪽)는 마르
크스의 철학적 유물론의 몇 가지 기본 원칙에 대한 매우 유용
한 정식화이며, 현재 유행하는 칸트주의와 불가지론 일반의 관
점에서 유물론에 대항하는 반론들을 총괄하고 있다. 루돌프
슈타믈러(Rudolph Stammler, 칸트주의자)의 『유물론적 역사관에
따른 경제와 법*Wirtschaft und Rechi nach der materialistischen
Geschichtsauffassung*』(2판, 라이프치히, 1906년), 볼트만(Woltmann,
역시 칸트주의자)의 『역사유물론*Historical Materialism*』(러시아어
번역판, 1901년), 포어랜더(Vorländer, 역시 칸트주의자)의 『칸트와 마
르크스*Kant and Marx*』가 있다. 또 보그다노프(A. Bogdanov),
바자로프 등과 일리인[21]이 벌인 논쟁도 참조하라. 전자의 견해
가 담긴 저작으로는 『마르크스주의 철학의 개요*An Outline of

the Philosophy of Marxism』(페테르부르크, 1908년)와 보그다노프의 『거대한 물신숭배의 몰락*The Downfall of a Great Fetishism』* (모스크바, 1909년) 등이 있다. 후자의 견해를 담은 저작으로는 『유물론과 경험비판론*Materialism and Empirio-Criticism』*(모스크바, 1909년)이 있다. 역사유물론과 윤리학의 문제를 다룬 저작으로는 카를 카우츠키의 『윤리학과 유물론적 역사관*Ethics and the Materialist Conception of History』*(페테르부르크, 1906년)과 그의 다른 여러 저작들이 있다. 또 루이 부댕(Louis Boudin)의 『최근의 비판에 비추어 본 카를 마르크스의 이론 체계*The Theoretical System of Karl Marx in the Light of Recent Criticism』* (자술리치의 감수하에 영어본을 번역한 것. 페테르부르크, 1908년)와 헤르만 고르터(Hermann Gorter)의 『역사유물론*Der historische Materialismus』*(1909년)이 있다. 마르크스주의에 대한 반대자들의 저작으로는 투간-바라놉스키(Tugan-Baranovsky)의 『마르크스주의의 이론적 기초*The Theoretical Fundamentals of Marxism』*(페테르부르크, 1907년), 프로코포비치(S. Prokopovich)의 『마르크스 비판*A Critique of Marx』*(페테르부르크, 1901년), 하마허(Hammacher)의 『마르크스주의의 철학·경제학 체계*Dasphilosophisch-ökonomische System des Marxismus』*(라이프치히, 1910년, 총 730쪽. 인용문 모음집이다), 베르너 좀바르트의 『19세기

21 레닌의 필명 중 하나.—원서 편집자

사회주의와 사회운동*Socialism and the Social-Movement in the Nineteenth Century*』(러시아어판, 페테르부르크), 막스 아들러(Max Adler, 칸트주의자)의 『인과성과 목적론*Kausalitilt und Teleologie*』(빈, 1909년, 《마르크스 연구*Marx-Studien*》에 수록)과 『사상가로서의 마르크스*Marx als Denker*』가 있다.

헤겔주의적 관념론자 지오반니 젠틸레(Giovanni Gentile)의 『마르크스의 철학*La filosofia di Marx*』(피사, 1899년)은 주목할 만한 가치가 있다. 그는 칸트주의자, 실증주의자 등이 일반적으로 주의하지 못하고 있는 마르크스의 유물론적 변증법의 몇몇 중요한 측면들을 다루고 있다. 레비(Levy)의 『포이어바흐*Feuerbach*』는 마르크스의 주요 철학적 선행자 중 한 사람에 관한 저작이다. 마르크스의 많은 저작들로부터의 인용문 모음집으로 매우 유용한 체르니셰프(Chernyshev)의 『한 마르크스주의자의 비망록*Notebook of a Marxist*』(페테르부르크〔델로〕, 1908년)이 있다. 마르크스 경제학설에 관해서는 다음의 책들이 뛰어나다. 카를 카우츠키의 『카를 마르크스의 경제학설 *The Economic Doctrines of Karl Marx*』(여러 가지 러시아어판이 있다), 『농업 문제*The Agrarian Question*』, 『에어푸르트 강령*The Erfurt Programme*』과 그 밖의 수많은 소책자들. 다음의 책들도 참조하라. 에두아르트 베른슈타인의 『마르크스 경제학설 *The Economic Doctrine of Marx*』, 『자본』 3권(러시아어판, 1905년), 가브리엘 드비유(Gabriel Deville)의 『자본론』(『자본』 1권에 대한 해설서다. 러시아판, 1907년). 마르크스주의자들 사이에서 이른바 수정주의의 대표자인―농업 문제에 관한 한―에두아르트 다비트(Eduard David)의 『사회주의와 농업*Socialism and Agriculture*』(러시아어판, 페테르부르크, 1902년)을 참조하라. 수정주의에 대한 비판서로는 일리인의 『농업 문제*The Agrarian Question*』1부(페테르부르크, 1908년)를 보라. 또한 『러시아에서의 자본주의의 발전*The Development of Capitalism in Russia*』(2판, 페테르부르크, 1908년), 『경제학 시론과 논문*Economic Essays and Articles*』(페테르부르크, 1899년), 『농업에서 자본주의 발전 법칙들에 대한 새로운 자료*New Data on the Laws of Development of Capitalism in Agriculture*』(1분책, 1917년)도 보라. 몇몇 편향은 있지만, 프랑스의 농업 관계에 관한 최신 자료에 마르크스의 견해를 적용한 저작으로 콩페레 모렐(Cornpère-Morel)의 『프랑스의 농업 문제와 사회주의*La question agraire et le socialisme en France*』(파리, 1912년, 총 455쪽)가 있다. 경제 생활의 최근 현상에 적용하여 마르크스의 경제적 견해를 한 걸음 더 발전시킨 것으로는 힐퍼딩(Hilferding)의 『금융자본론*Finance Capital*』(러시아어판, 페테르부르크, 1911년)과 일리인의 『제국주의, 자본주의의 최고 단계*Imperialism, the Highest Stage of Capitalism*』(1917년)를 보라. (가치 이론에 관한 힐퍼딩의 견해에서 두드러지게 부정확한 점들을 바로잡은 저작으로, 《노이에 차이트》에 실린 카우츠키의 논문 「금, 지폐, 상품Gold, Papier und Ware」을 보라. 30호, 1책, 1912년, 837쪽 및 886

쪽.) 표트르 마슬로프의 『농업 문제*Agrarian Question*』(전2권)와
『국민 경제 발전 이론*The Theory of Economic Development*』(페테
르부르크, 1910년)은 중요한 점들에서 마르크스주의로부터 이탈
하고 있다. 마슬로프의 편향을 비판한 저작으로는 카우츠키의
「멜더스주의와 사회주의Malthusianism and Socialism」(《노이
에 차이트》29호, 1분책, 1911년)가 있다.

　부르주아 교수들 사이에 널리 퍼진 이른바 한계효용설의 관
점에서 마르크스의 경제학설을 비판한 것으로 다음과 같은 저
작들이 있다. 뵘 바베르크(Böhm-Bawerk)의 『마르크스의 체계
의 종결을 위하여*Zum Abschluss des Marxschen Systems*』(베를린,
1896년, K. 크니스 기념 출판 『국가학논집』에 수록. 러시아어판은 페테르부
르크, 1897년), 『마르크스의 이론과 그 비판*The Theory of Marx
and Its Criticism*』, 『자본과 자본 이자*Kapital und Kapitalzins*』
(2판, 전2권, 인스부르크, 1900~2년. 러시아어판은 『자본과 이윤*Capital
and Profits*』이라는 제목으로 페테르부르크에서 1909년에 출간되었다).
다음의 저작들도 보라. 리케스의 『가치와 교환가치*Wert und
Tauschwert*』(1899년), 폰 보르트키예비치(von Bortkiewicz)의 『마
르크스의 체계에서 가치 계산과 가격 계산*Wertrechnung und
Preisrechnung im Marxschen System*』(사회과학 아카이브, 1906~7
년), 레오 폰 부흐(Leo von Buch)의 『경제원론, 1부, 노동강도, 가
치, 가격*Über die Elemente der politisczen Olconomie*』(러시아어판
도 있다). 마르크스주의적 관점에서 뵘 바베르크의 비판을 분

석한 것으로는 힐퍼딩의 『뵘 바베르크의 마르크스 비판*Böhm-Bawerks Marx-Kritik*』(『마르크스 연구』 1권, 빈, 1904년)과 《노이에 차이트》에 발표된 그의 소논문들을 보라.

마르크스주의를 해석하고 발전시킨 양대 경향의 문제—'수정주의적' 경향과 '급진적'(정통적) 경향—에 대해서는 에 두아르트 베른슈타인의 『사회주의의 전제들과 사회민주주의 임무*Voraussetzungen des Sozialismus und die Aufgaben der Sozialdemokratie*』(독일어판은 슈투트가르트, 1899년. 러시아어판은 『역사유물론』, 페테르부르크, 1901년과 『사회 문제』, 모스크바, 1901년)를 보라. 또 같은 저자의 『역사와 사회주의 이론으로부터*From the History and Theory of Socialism*』(페테르부르크, 1902년)도 보라. 베른슈타인에 대한 답변이 카를 카우츠키의 『베른슈타인과 사회민주주의 강령*Bernstein und das sozialdemokratische Programm*』(독일어판, 슈투트가르트, 1899년. 러시아판은 네 가지가 있다. 1905~6년)에 담겨 있다. 프랑스 마르크스주의의 문헌으로는 쥘 게드의 『계급투쟁의 4년*Quatre ans de lutte des classes*』, 『경계하라! *En garde!*』, 『어제의 문제와 오늘의 문제*Questions d'hier et d'aujourd'hui*』(파리, 1911년)와 폴 라파르그의 『카를 마르크스의 경제적 결정론*Le déterminisme économique de K. Marx*』(파리, 1909년)을 보라. 안톤 파네쿡의 『노동자 운동의 두 가지 경향*Zwei Tendenzen in der Arbeiterbewegung*』도 있다.

마르크스주의적 자본 축적 이론의 문제에 관해서는 로

자 룩셈부르크의 새 책 『자본 축적론*Die Accumulation des Kapitals*』(베를린, 1913년)과 마르크스의 이론에 대한 그녀의 잘못된 해석을 분석한 오토 바우어(Otto Bauer)의 『자본 축적론 *Die Accumulation des Kapitals*』(《노이에 차이트》 31권, 1분책, 1913년, 831쪽 및 862쪽)이 있다. 또한 《포어베르츠》(1913년)에 실린 에크슈타인의 글과 《브레머 뷰르거차이퉁》(1913년)에 실린 파네쿡의 글도 보라.

마르크스주의에 관한 오래된 러시아어 문헌으로 다음의 저작들이 있다. 치체린(B. Chicherin)의 「독일 사회주의자들 The German Socialists」(베조브라조프〔Bezobrazov〕의 『정치학 논집*Collection of Political Science*』〔페테르부르크, 1888년〕에 수록)과 『정치학설사*The History of Political Doctrines*』 5부(모스크바, 1902년, 총 156쪽). 이에 대한 답변으로 N. 지버(Zieber)의 「치체린 씨의 안경을 통해 본 독일의 경제학자들 The German Economists Through Mr. Chicherin's Glasses」(그의 『전집』 2권〔페테르부르크, 1900년〕에 수록), 슬로님스키(L. Slonimsky)의 『카를 마르크스의 경제학설*The Economic Doctrine of Karl Marx*』(페테르부르크, 1898년), 지버의 『데이비드 리카도와 카를 마르크스의 사회경제연구*David Ricardo and Karl Marx in Their Socioeconomic Investigations*』(페테르부르크, 1885년)와 그의 『전집』(전2권, 페테르부르크, 1900년). 또한 카우프만의 『자본론』 서평(《베스니크 예브로피 Vesinik Yevropy》 1872년, 5호)은 『자본』 2판 부록에서 마르크스

가 카우프만의 고찰을 인용하여 자신의 변증법적 유물론 방법의 정확한 해설로 인정한 점 때문에 주목받고 있다.

마르크스주의에 대한 러시아 나로드니키의 저작으로는 다음의 저작들이 있다. 스트루베의 『비판적 평주*Critical Notes*』(페테르부르크, 1894년)에 대한 미하일롭스키(N. K. Mikhailovsky)의 논평(《루스코예 보가츠트보》 1894년 10호와 1895년 1, 2호에 실렸고, 그의 『전집』에도 실렸다). 미하일롭스키의 견해를 마르크스주의적 관점에서 분석한 것으로 툴린(일리인)의 『우리나라의 경제 발전을 특징짓는 자료들*Data Characterising Our Economic Development*』(페테르부르크, 1895년. 검열 당국에 의해 파기되었다)이 있다. 이 글은 나중에 일리인의 『12년간*For Twelve Years*』(페테르부르크, 1908년)에 수록되어 재출간되었다. 또 다른 나로드니키의 저작으로는 V. V.의 『우리나라의 정책 방향들*Our Lines of Policy*』(페테르부르크, 1892년) 및 『70년대에서 20세기로*From the Seventies to the Twentieth Century*』(페테르부르크, 1907년), 니콜라이 온(Nikolai-on)의 『농민 개혁 이후 우리나라 사회경제의 개요*Outline of Our Post-Reform Social Economy*』(페테르부르크, 1893년), 체르노프(V. Chernov)의 『마르크스주의와 농업 문제 *Marxism and the Agrarian Problem*』(페테르부르크, 1906년) 및 『철학적·사회학적 시론*Philosophical and Sociological Sketches*』(페테르부르크, 1907년)이 있다.

나로드니키 외에 다음과 같은 사람들의 저작들도 참고할

필요가 있다. 카례예프(N. Kareyev)의 『역사유물론에 대한 신구 시론집*Old and New Sketches on Historical Materialism*』(페테르부르크, 1896년. 2판은 1913년에 『경제적 유물론 비판*A Critique of Economic Materialism*』으로 출간), 마자리크(Masaryk)의 『마르크스주의의 철학적·사회학적 기초*Philosophical and Sociological Foundations of Marxism*』(러시아어판, 모스크바, 1900년), 크로체(Croce)의 『역사유물론과 마르크스주의적 경제*Historical Materialism and Marxian Economy*』(러시아어판, 페테르부르크, 1902년). 마르크스의 견해에 대한 올바른 평가를 위해서는 그의 가장 절친한 벗이자 협력자인 프리드리히 엥겔스의 저작들을 이해하는 것이 반드시 필요하다. 엥겔스의 모든 저작들을 고려치 않고서는 마르크스주의를 이해하여 완전하게 서술하는 것이 가능하지 않다.

아나키즘의 관점에서 마르크스를 비판한 것으로는 체르케조프(V. Cherkezov)의 『마르크스주의 학설들*The Doctrines of Marxism*』(전2부, 페테르부르크, 1905년), 터커(V. Tucker)의 『책 대신에*In Lieu of a Book*』(러시아어판, 모스크바, 1907년), 소렐(Sorel, 생디칼리스트)의 『근대 경제의 사회적 연구*Social Studies of Modern Economy*』(모스크바, 1908년)가 있다.

전쟁에 관한 한 독일인의
소리

하룻밤 사이에 세상의 모습이 바뀌었다……. 모두가 죄를 자기 이웃에 돌리고 있다. 모두가 자신은 방어하는 쪽이라고, 정당방위 입장에서 행동하는 것일 뿐이라고 주장한다. 누구나—이것이 안 보이는가—오직 자신의 가장 신성한 가치만을, 가정과 조국만을 방어하고 있다……. 민족적 허영심과 민족적 격정이 개가를 올리고 있다……. 위대한 국제 노동자계급조차도 민족적인 명령에 복종하여, 노동자들이 전장에서 서로를 죽이고 있다……. 우리 문명은 파산한 것으로 판명되었다……. 유럽 차원의 명성을 지닌 저술가들이 부끄럼 없이 맹목적인 배외주의자로 광포하게 나서고 있다……. 우리는 경제적 파멸의 공포가 제국주의적 광기를 억제해줄 가능성에 너무 큰 믿음을 걸고 있다……. 우리는 세계 패권을 위한 노골적인 제국주의적 투쟁을 지나고 있다. 러시아의 괴수 미노타우로스[1]……. 자기 나라의 가장 고결한 사람들을 교수대로 보낸 차르와 그의 대공들을

I 그리스 신화에 나오는 괴물. 인간 여성과 수소 사이에서 태어나, 인간의 몸에 황소의 머리와 꼬리를 갖고 있다. '그릇된 욕정'을 상징한다.—옮긴이

타도하는 것을 빼고는 아마 위대한 사상을 위한 투쟁의 흔적은 어디에도 없는 것 같다……. 그러나 우리의 눈에 보이지 않는가? 고결하게도 자유의 이상의 담지자, 프랑스가 교살자 차르의 동맹국이 된 것이? 정직하게도 독일이…… 자신의 서약을 파기하고 불행한 중립국 벨기에의 목을 조르고 있는 것이? 이에 대한 결말은 어떻게 될 것인가? 혹여 궁핍이 지나치게 커지면, 혹여 절망이 걷잡을 수 없게 되면, 혹여 적의 군복을 입고 있는 것이 자기 형제라는 것을 알게 되면, 아마 전혀 예기치 않은 일이 일어날지 모른다. 아마 사람들을 전쟁으로 몰아간 자들을 향해 무기가 겨눠질지도 모른다. 서로 간에 증오하도록 부추겨진 제민족이 이 증오를 잊고 돌연 단합할지도 모른다. 우리는 예언자이기를 원치 않지만, 그러나 유럽 전쟁이 우리를 유럽 사회공화국에 한 걸음 더 가까이 데려간다면, 이 전쟁이 결국 현재 보이는 것만큼 무의미하지는 않을 것이다.

이것은 누구의 소리인가? 아마도 독일 사회민주주의자로부터 나온 소리겠지?

전혀 아니다! 카우츠키를 우두머리로 하는 독일 사회민주주의자들은 마르크스가 지적한 "가련한 반혁명적 수다쟁이들"[2]이 되었다. 사회주의자 탄압법이 발포(1876년)된 후 '상황에 발맞

2 마르크스가 F. A. 조르게에게 보낸 1879년 9월 19일자 편지를 보라.—원서 편집자

춰', 오늘 하제(Haase)와 카우츠키와 쥐데쿰 일파가 하는 방식으로 행동한 사회민주주의자들을 마르크스는 그렇게 불렀다.

이 인용문은 취리히에서 일단의 선량한 하급 사제들이 발행하는 소부르주아적인 기독교민주주의자 잡지(《새로운 길, 종교활동을 위한 잡지*Neue Wege, Blätter für religiöse Arbeit*》, 1914년 9월호)에서 인용한 것이다. 이것은 우리가 도달한 수치(羞恥)의 정점이다. 경건한 체하는 속물이 "사람들을 전쟁으로 몰아간" 자들을 향해 무기를 겨누는 것도 나쁘지 않을 것이라고 말하기까지 하는 데 반해, 사회민주주의자들은 '권위 있는' 카우츠키처럼 가장 비열한 배외주의를 '과학적'으로 옹호하고 있거나, 플레하노프처럼 부르주아지에 대한 내란 선전은 유해한 '공상'이라고 선언하고 있다!

정말이지 이 같은 '사회민주주의자들'이 다수파로서 공인된 '인터내셔널'(이것은 각국의 배외주의를 국제적으로 정당화하기 위한 동맹이다)을 결성하길 원하고 있다면, 그들에 의해 더럽혀지고 모욕당한 '사회민주주의자'라는 명칭을 포기하고 공산주의자라는 옛 마르크스주의적 명칭으로 돌아가는 것이 낫지 않은가? 한때 카우츠키는 기회주의적인 베른슈타인주의자들[3]이 거의 독일 당을 공식적으로 장악한 듯한 지경으로 보였을 때 이러한 옛 명칭으로 돌아가겠다고 위협한 바 있다. 그가 그냥

3 19세기가 끝나갈 무렵 대두한 독일 사회민주당 내 기회주의 조류의 지도자인 수정주의자 베른슈타인의 지지자들을 가리킨다.—원서 편집자

입으로만 해본 위협이었던 것이 이제 아마 다른 사람들에 의해 행동이 될 것이다.

| 《사회민주주의자》34호, 1914년 12월 5일

죽은 배외주의와
살아있는 사회주의

인터내셔널은 어떻게
재건될 수 있는가?

수십 년 동안 러시아의 사회민주주의자들에게는 독일 사회민주주의가 하나의 모델이었다. 독일 사회민주주의를 모범으로 삼는 이러한 측면은 전세계의 어느 사회민주주의자들 사이에서보다도 더, 아마 훨씬 더 러시아의 사회민주주의자들 사이에서 두드러졌다. 따라서 독일 사회민주주의에 대한 태도를 분명히 하지 않는다면 지금 유행하는 사회애국주의 또는 '사회주의적' 배외주의에 대해 의식적인 태도, 즉 비판적인 태도란 존재할 수 없다. 이 점은 분명하다. 과거에 독일 사회민주주의는 무엇이었는가? 현재에 그것은 무엇인가? 미래에 그것은 무엇일까?

이 문제들 중 첫 번째 문제에 대한 대답은 1909년에 카우츠키가 저술하여 많은 유럽 언어들로 번역된 소책자 『권력으로의 길 *Der Weg zur Macht*』에서 발견할 수 있을 것이다. 우리 시대의 과제를 가장 총체적으로 제시하고 있는 이 소책자는 독일 사회민주주의자들의 입장을 가장 잘 표현하고(그들이 내걸고 있는 약속이라는 의미에서) 있으며, 더군다나 제2인터내셔널의 가장 권위 있는 저자의 펜에서 나왔다. 우리는 이 책을 다소 상세하게 상기해보는 것이 지금 특히 유익할 것이라고 믿는데, 왜냐하면 이 망각된 약속들이 정말 자주 뻔뻔스럽게 폐기되고 있기 때문이다.

사회민주주의는 증기기관이 혁명적이라는 의미에서만이 아니라 "또 다른 의미에서도" '혁명적 당'(이 책의 여는 문장에서 언명된 바)이다. 이 소책자는 프롤레타리아트의 정치권력 획득, 프롤레타리아트의 독재를 원한다. 카우츠키는 "혁명을 의심하는 자들"에게 조소를 한껏 퍼붓고서 다음과 같이 쓰고 있다. "어떤 중요한 운동과 봉기에서도 우리는 물론 패배의 가능성을 고려하지 않으면 안 된다. 투쟁하기 전에 자신이 승리를 확신한다고 자임할 수 있는 것은 오직 바보만이 그렇게 할 수 있다." 그러나 승리의 가능성을 고려하길 거부한다면 이는 "우리의 대의를 직접적으로 배반하는 것"일 것이다. 전쟁과 관련하여서는 "혁명은 전쟁 중에, 그리고 전쟁 후에 모두 가능하다." 저자는 계속해서 다음과 같이 말한다. 계급적대가 첨예해져서 어느 시점에 가서 혁명으로 이어질 것인지를 판정하는 것은 불가능하지만, 그러나 "전쟁이 불러오는 혁명이 전쟁 중에든 아니면 전쟁 직후에든 발발할 것이라는 점에 대해서는 분명하게 단언할 수 있다." 나아가 그는 '사회주의로의 평화적 성장 전화'라는 이론보다 더 저속한 것은 없다고 말한다. "경제적 필연성을 인식하는 것이 의지의 약화를 의미한다는 의견보다 더 큰 오류는 없다……. 투쟁 의욕으로서의 의지는 첫째로 투쟁의 대가에 의해, 둘째로 힘의 자각에 의해, 셋째로 실제 힘에 의해 결정된다." 『프랑스의 계급투쟁』에 엥겔스가 붙인 유명한 서문을 기회주의의 의미로 해석하려는 시도가—말하자면 《포어베르츠》에 의해—행해지자 이에 분개한 엥겔스는 자신을 "무슨 일이 있어도 합법성을 평화적으로 숭배하려는 자"[1]로 보고 싶어하는 일체의 가정에 대해 수치스런 일이라고 비판했다. 계속해서 카우츠키는 다음과 같이 말한다. "우리가 국가권력 쟁취 투쟁의 시기에 진입하고 있다고 믿을 모든 이유가 있

---

[1] 1895년 3월 30일자 《포어베르츠》는 엥겔스가 마르크스의 『1848~1850년 프랑스의 계급투쟁』에 붙인 서문으로부터 요약한 내용을 몇몇 초록과 함께 발표하면서, 프롤레타리아트의 혁명적 역할에 관한 매우 중요한 명제들을 누락했다. 이것은 엥겔스의 격렬한 항의를 불러일으켰다. 엥겔스는 1895년 4월 1일자로 카우츠키에게 보낸 편지에서 다음과 같이 썼다. "나는 오늘 《포어베르츠》에 실린 나의 '서문' 초록을 보고 놀랐습니다. 그 초록은 내가 앞에서 제시한 내용이 누락되고 앞뒤 맥락이 잘려나가 마치 내가 '무슨 일이 있어도 합법성을 평화적으로 숭배하려는 자'인 것처럼 보이게 했습니다."(Marx and Engels, *Selected Correspondence*, Moscow, 1955, p. 568.)

엥겔스는 '서문'의 전문을 게재할 것을 요구했다. 1895년에 《노이에 차이트》에 서문이 발표되었지만, 상당 부분 삭제된 채였는데, 이번에는 독일 사회민주당 지도부에 의한 것이었다. 자신들의 개량주의 전술을 정당화할 명분을 찾고 있던 독일 사회민주당 지도자들은 그후 '서문'에 대한 자신들의 판본을 만들어서 엥겔스가 혁명과 무장봉기와 바리케이드전을 폐기한 것으로 해석하기 시작했다. '서문'의 원문은 1955년 소련에서 처음 발표되었다(Marx and Engels, *Selected Works*, Moscow, 1962, Vol. I, pp. 118~38을 보시오).—원서 편집자

다." 이 투쟁은 수십 년 동안 지속될지도 모른다. 그것은 우리가 알지 못하는 것이지만, 그러나 "십중팔구 그것은 가까운 장래에 일어날 것이다. 서유럽에서, 프롤레타리아트의 독재까지는 아니더라도 프롤레타리아트의 힘이 상당히 강화될 것이다." 또한 혁명적 분자들이 늘어나고 있다고 카우츠키는 선언한다. 1895년 독일 유권자 1천만 명 가운데 600만 명이 프롤레타리아고, 350만 명이 사유재산에 이해관계를 갖는 사람들이었다. 1907년에 후자는 3만 명 증가했고, 전자는 160만 명이 증가했다! "상승 속도는 혁명적 격동의 시기가 다가오자 비상하게 빨라졌다." 계급적대는 무뎌지지 않고 오히려 뾰족해졌다. 물가가 치솟고 제국주의 간 경쟁과 군국주의가 맹렬한 기세로 휘몰아치고 있다. "혁명의 새 시대"가 다가오고 있다. 괴물 같은 증세(增稅)가, "만약 혁명이라는 대안이 무장평화 시기 뒤보다도 전쟁 뒤쪽에 더 가까이 와 있지 않았다면, 혁명에 대한 유일한 대안인 전쟁을 야기했을 것이다." "불길하게도 세계 전쟁이 임박해 있고, 전쟁은 또한 혁명을 의미한다." 1891년에 엥겔스는 독일에서 시기상조의 혁명을 두려워할 이유가 있었다. 그러나 그때 이래 "상황은 크게 바뀌었다." 프롤레타리아트는 "더 이상 시기상조의 혁명을 말할 수 없다."(강조는 카우츠키) 소부르주아지는 조금도 신뢰할 수 없고 프롤레타리아트에게 더욱더 적대적으로 되어가고 있지만, 그러나 위기의 시기에는 "우리 쪽으로 대거 넘어올 수 있다." 중요한 것은 사회민주주의가 "계속

흔들림 없이 일관되며 비타협적이어야 한다"는 점이다. 우리는 의심할 바 없이 혁명의 시기에 진입했다.

이것이 카우츠키가 먼, 먼 과거에, 만 5년 전에 썼던 방식이다. 이것이 독일 사회민주주의의 정체성이었다. 아니 정확히 말해서, 그 같은 정체성을 약속한 것이다. 이것이 바로 사회민주주의가 존경받을 수 있었던, 그리고 존경받아야만 했던 지점이었다.

같은 인물인 카우츠키가 오늘은 뭐라고 쓰고 있는지 한번 보자. 여기 가장 중요한 진술이 그의 논설 「전시의 사회민주주의Social-Democracy in Wartime」(《노이에 차이트》 1호, 1914년 10월 2일)에 있다. "어떻게 전쟁을 막을 것인가 하는 문제에 대해서는 우리 당이 많은 심의를 했지만, 전시에 어떻게 행동할 것인가 하는 문제에 대해서는 거의 심의한 경우가 드물었다. …… 전쟁이 발발하고 난 지금처럼 이렇게 정부가 강했던 적이 없다. 지금처럼 이렇게 당들이 약했던 적이 없다. …… 전시는 평화적인 심의에 전혀 유리하지 않다. …… 오늘 실제 문제는 자국 정부의 승리인가, 패배인가다." 교전국 당들 사이에 반전 행동에 관한 협정이 있을 수 있을까? "이러한 종류의 것은 실제로 실험된 적이 없다. 우리는 항상 이 가능성을 놓고 다투어왔다." 프랑스 사회주의자들과 독일 사회주의자들 간의 차이는 "원칙의 차이가 아니다."(양측이 모두 자기 조국을 방어하는 것과 같이) "모든 나라의 사회민주주의자들은 조국 방위에 참가할 동등한 권리 또는 동등한 의무를 지니고 있다. 어떤 민족도 다른 민족을 조국 방위에 참가한다는 이유로 비난해서는 안 된다." "인터내셔널은 파산했는가?" "당은 전시에 자신의 원칙을 직접적으로 옹호하기를 방기했는가?"(같은 호에 실린 메링의 질문들) "이것은 잘못된 인식이다. …… 그와 같은 비관론은 전혀 근거가 없다. …… 차이는 근본적이지 않다. …… 원칙에서는 여전히 일치한다. …… 전시법에 불복한다면, 그것은 우리 출판물에 대한 탄압만을 가져올 뿐이다." 이 전시법에 복종한다고 해서 이를 두고 "사회주의자탄압법이라는 저 다모클레스의 검 아래서 우리 당 출판 활동이 했던 것과 비슷한 모습으로 당 원칙의 사수를 포기한 것이라고 말할 수는 없다."

어떻게 이런 얘기가 나올 수 있는지 도무지 믿기 힘들어서 의도적으로 원문 그대로를 인용했다. 문헌(노골적인 변절자들로부터 나온 문헌은 제외하고) 안에서 발견하기란 도저히 불가능할 정도로, 어떻게 저런 부끄러운 줄 모르는 속악한 논리가 있을 수 있을까? 어떻게 저런 파렴치한 진실 호도가 있을 수 있을까? 어떻게 저런 음흉한 속임수가? 사회주의 일반에 대한 노골적인 부인만이 아니라, 다름 아닌 현 전쟁과 똑같은 유럽 전쟁의 가능성을 염두에 두고서 만장일치로 채택한 바로 그 국제적 결정(예를 들어 슈투트가르트에서, 그리고 특히 바젤에서 채택한 바의)에 대한 가장 노골적인 부인을 덮어 가리기 위한 저 따위 고약한 술수를 문헌에서 발견한다는 것이 가능한 일일까! 우리가 카우츠키의 논거를 진지하게 다뤄 분석을 시도한다면 이는 독자에 대한 모독일 것이다. 유럽 전쟁은 단순한 '소규모' 유대인 집단학살과 많은 점에서 다르지만, 그 같은 전쟁 참가를 옹호하는 '사회주의적' 논거는 유대인 집단학살 참가를 옹호하는 '민주주의적' 논거와 완전하게 닮아 있다. 아무도 집단학살을 옹호하는 논거를 분석하지 않는다. 다만 모든 계급적으로 각성한 노동자들이 보는 앞에서 논거의 장본인들을 부끄럽게 만들기 위해 그 논거를 적시할 뿐이다.

그러나 독자는 물을 것이다. 어떻게 이런 일이 일어날 수 있는가? 제2인터내셔널의 최대 권위자가, 한때 이 글의 서두에서 인용한 견해를 주창한 저자가 어떻게 변절자보다도 더 극악한 그 무엇으로 타락하는 일이 가능한가? 우리의 답은 이렇다. 평소와 다른 일은 일어난 바 없다고, 그리고 '용서하고 잊는' 등의 것이 어렵지 않다고—아마도 무의식적으로—생각하는 사람들만이, 즉 문제를 변절자의 관점에서 바라보는 자들만이 그것이 이해되지 않을 것이다. 그러나 진지하게 충심으로 사회주의적 신념을 고백한 사람들, 그리고 이 글의 서두에서 제시된 견해를 갖고 있는 사람들은 "《포어베르츠》는 죽었다"(파리의 《골로스》에서 마르토프가 한 표현), 카우츠키는 '죽었다'는 얘기를 접하고서 놀라지 않을 것이다. 개인들이 정치적으로 파산하는 것은 역사의 전환점에서 희귀한 일이 아니다. 카우츠키는 그가 끼쳐온 거대한 공헌에도 불구하고, 대위기 때에 즉각 전투적 마르크스주의 입장을 취하는 사람들 중에 속한 적이 없다 (밀레랑주의[2] 문제에서 그가 동요했던 것을 상기해보라).

우리는 지금 그 같은 시간을 거쳐가고 있다. "부르주아 여러분, 부디 먼저 쏘아주십시오!"[3] 1891년에 엥겔스는 이른바 평화적인 입헌적 발전의 시기에 우리 혁명가들이 부르주아적 합법성을 이용해야 할 필요성을—아주 정당하게도—주창하면서 이렇게 썼다. 엥겔스의 생각은 지극히 명료했다. 다음은 계급적으로 각성한 우리 노동자들이 쏠 차례다. 부르주아지가 자신이 세워놓은 합법적 토대를 스스로 파괴하는 시점에는 투표용지를 탄환으로 교환하는(내란으로 넘어가는) 것이 우리에게 유리하다고 엥겔스가 말했다. 1909년에 카우츠키가 유럽에서의 혁명은 이제 시기상조일 수 없으며 전쟁은 혁명을 의미한다고 말했을 때, 그는 모든 혁명적 사회민주주의자들이 공유한 논란의 여지가 없는 의견을 표명했던 것이다.

2 프랑스 '사회주의자' 밀레랑(Millerand)의 이름을 따서 붙인 기회주의 조류. 밀레랑은 1899년에 프랑스의 반동적 부르주아 정부에 입각하여 부르주아지가 그 정책을 수행하는 데 부역했다.

    부르주아 정부에 사회주의자가 참여하는 것이 허용될 수 있느냐는 문제가 1900년에 열린 제2인터내셔널 파리 대회에서 심의되었다. 대회는 사회주의자의 부르주아 정부 참여를 비난하지만, 어떤 '예외적인' 경우에는 허용할 수 있다는 카우츠키의 화해주의적 결의를 채택했다. 1차 세계대전 초기에 프랑스 사회주의자들은 이 단서조항을 이용하여 자신들이 부르주아 정부에 가담한 것을 정당화했다.—원서 편집자

3 F. Engels, *Socialism in Germany*, Section I을 보시오.—원서 편집자

그러나 그 '평화적인' 시기의 수십 년은 아무 흔적을 남기지 않고 지나간 것이 아니다. 그 시기는 모든 나라에서 불가피하게 기회주의를 낳았고, 의회와 노동조합과 언론계 등의 '지도자들' 사이에서 그 기회주의가 우위를 점하게 만들었다. 혁명적 프롤레타리아트를 오염, 약화시키려고 애를 쓰고 있는 부르주아지 전체가 달려들어 기회주의를 온갖 방식으로 지원하고 있는 유럽에서 어떤 형태로든 이 기회주의에 대한 장기간의 완강한 투쟁이 수행되지 않은 나라는 하나도 없다. 15년 전 베른슈타인 논쟁이 터졌을 때, 다름 아닌 그 카우츠키는 만약 기회주의가 일개 기질에서 하나의 경향이 되어버린다면 분열이 일정에 오를 것이라고 썼다. 러시아에서 구《이스크라 *Iskra*》[4]—사회민주주의 노동자계급 당 창건의 주춧돌이 된—는 1901년 초 그 두 번째 호에 실린, 「20세기의 문턱에서On the Threshold of the Twentieth Century」라는 제목의 논설에

4 '불꽃'이라는 뜻. 1900년에 레닌의 주도로 창간된 러시아 최초의 전국적인 비합법 마르크스주의 신문.《이스크라》는 혁명적 마르크스주의 노동자계급 당을 세우는 데 결정적인 역할을 담당했다. 첫호가 1900년 12월에 라이프치히에서 나왔다. 그후 뮌헨에 이어 런던에서(1902년 7월부터), 그리고 제네바에서(1903년 봄부터) 발행되었다. 레닌이 발의하고 직접 참여한《이스크라》편집국이 당 강령을 작성(《이스크라》21호에 발표)하여 러시아 사회민주노동당 2차 대회를 준비했다. 이것은 러시아에서 혁명적 마르크스주의 당의 시작을 알리는 것이었다. 대회 직후 멘셰비키가 플레하노프의 지원하에《이스크라》의 주도권을 획득함으로써 52호부터는 더 이상 혁명적 마르크스주의의 기관지이기를 멈추었다.—원서 편집자

서 이렇게 선언했다. 20세기의 혁명적 계급은 18세기의 혁명적 계급—부르주아지—처럼 그 자신의 지롱드당과 그 자신의 산 악당[5]을 가졌다.

유럽 전쟁은 새 시대의 시작을 알리는 거대한 역사적 위기다. 다른 모든 위기처럼 전쟁도 뿌리 깊은 적대를 격화시켜 수면 위로 밀어올려서 모든 위선의 장막들을 찢어버리고 모든 인습을 거부하며 모든 오염되고 썩어가는 권위를 해체시킨다(내친 김에 말하면, 이것은 모든 위기가 갖는 유익하고 진보적인 효과인 바, 오직 '평화적 진화'의 우둔한 숭배자들만이 깨닫지 못한다). 그 25년 또는 45년의 존속 기간(1870년부터인가 1889년부터인가, 어느 시점부터로 계산할 것인가에 따라) 동안 사회주의의 영향력을 확대해주고 사회주의 세력들에게 예비적이고 기초적인 초동 조직화를 가능케 해준 매우 중요하고 유용한 작업을 수행할 수 있었던 제2인터내셔널이 자신의 역사적 역할을 다하고 죽었다. 단, 폰 클룩

5　The Mountain (Montagne) and the Gironde. 1789년 프랑스 부르주아 혁명 당시 부르주아지의 두 정파. 산악파 또는 자코뱅파는 그 시대의 혁명적 계급인 부르주아지의 좀 더 단호한 대표자들에게 붙여진 이름이었다. 그들은 절대주의와 봉건제의 폐지를 옹호했다. 자코뱅파와는 달리 지롱드파는 혁명과 반혁명 사이에서 동요하다가 군주제와 타협하는 길을 구했다.

　　레닌은 사회민주주의 내 기회주의 조류를 '사회주의 지롱드'로, 혁명적 사회민주주의자들을 '프롤레타리아 자코뱅'으로 불렀다. 러시아 사회민주노동당이 볼셰비키와 멘셰비키로 분열한 뒤 레닌은 멘셰비키가 노동계급 운동에서 지롱드파 경향을 대표한다고 거듭 강조했다.—원서 편집자

(Von Kluck)[6] 무리들이 아니라 기회주의에게 정복되어 죽게 되었다. 죽은 자들이 죽은 자들을 묻게 내버려두라. 이반 니키포로비치를 '숫거위'라고 욕했다가 친구들로부터 적과 화해하라고 종용 받게 된 또 하나의 이반 이바노비치가 우리에게 있는 것처럼,[7] 머리는 텅 비었으면서 참견하기만 좋아하는 자들(배외주의자들과 기회주의자들의 흥미로운 종복들은 아니지만)이 반데르벨데, 셈바와 카우츠키, 하제를 화해시키는 임무로 수고하도록 내버려두라. 프랑스 노동자들을 쏴 죽이라는 독일 부르주아지의 요구를 '조국 방위'라는 이름으로 독일 사회주의자들이 정당화하는 것, 그리고 독일 노동자들을 쏴 죽이라는 프랑스 부르주아지의 요구를 동일하게 '조국 방위'라는 이름으로 프랑스 사회주의자들이 정당화하는 것, 그러한 것이 인터내셔널의 본령이라고 생각하는 자들이 쓴 위선적이고 사기적인 결의안을 같은 테이블에 앉아 통과시키는 것이 인터내셔널의 의미인가? 지금과 같은 중대한 시기에 행동으로 사회주의적 국제주의를 옹호할 수 있는, 즉 힘을 내서 자기 '조국'의 정부와 지배계급을 향해, "차례가 되어 쏠" 수 있는 사람들이 결집하는(먼저 이데올

6　1차 세계대전 당시 독일 장군.—옮긴이
7　이반 이바노비치와 이반 니키포로비치는 고골(Gogol)의 『이반 이바노비치가 이반 니키포로비치와 어떻게 다퉜는지에 대한 이야기*Tale of How Ivan Ivanovich Quarrelled with Iran Nikiforovich*』에 나오는 작중 인물들이다. 그 이름들이 속담에까지 나오게 된 이 두 지방 지주 간의 분쟁은 극히 사소한 이유로 시작하여 끝이 없이 계속되었다.—원서 편집자

로기적으로, 그 다음으로는 때가 되면 조직적으로도) 것, 여기에 인터내셔널의 본령이 있다. 이것은 쉬운 과업이 아니다. 많은 준비와 큰 희생을 요하며, 때로는 실패가 따를 것이다. 그러나 그것이 쉬운 과업이 아니라는 바로 그 이유 때문에 반드시 그 과업은 그것을 수행할 의지가 있는, 그리고 배외주의자들 및 사회배외주의의 옹호자들과 철저히 단절하길 두려워하지 않는 사람들과 함께 해내야만 한다.

파네쿡 같은 사람들은 온갖 위선에 맞서 충심으로 사회주의—배외주의가 아닌—인터내셔널의 재건을 위해 다른 누구보다도 더 많은 것을 하고 있다. 파네쿡은 「인터내셔널의 붕괴 The Collapse of the International」라는 제목의 글에서 다음과 같이 말했다. "지도자들이 그들 간의 차이를 대충 봉합하려는 시도로 뭉친다면, 그것은 아무 의미가 없을 것이다."

솔직하게 사실들을 밝히자. 내일이 아니면 모레라도 어떻게든 전쟁은 우리로 하여금 그렇게 밝히도록 강요할 것이다. 국제 사회주의에 세 개의 조류가 존재한다. 1) 일관되게 기회주의 정책을 추구하고 있는 배외주의자들. 2) 기회주의에 대한 일관된 반대자들로서, 이미 모든 나라에서 그들의 목소리가 들리기 시작했고(기회주의자들은 그들 대부분을 패퇴시켰지만, 그러나 '패배한 군대는 빨리 배운다.'), 내란을 향한 혁명적 작업을 수행할 수 있는 역량을 입증해 보이고 있는 이들. 3) 어찌할 바를 모르고 동요하는 사람들로서, 현재 기회주의자들의 뒤를 좇고 있고, 기회주의를 정당화하려는 위선적인 시도—그들이 이른바 과학적으로, '마르크스주의적' 방법을 사용하여 하고 있는 모종의 것—로 프롤레타리아트에게 가장 큰 해악을 끼치고 있는 이들. 세 번째 조류에 휩쓸린 사람들 중 일부는 구제될 수 있고 사회주의로 복귀할 수 있지만, 첫 번째 조류와의 가장 단호한 단절과 분립 정책을 통해서만 그렇게 될 수 있다. 전쟁공채에 대한 찬성 투표, '조국 방위', '전시법에 대한 복종', 합법적 수단만으로 만족할 용의, 내란 거부 등을 정당화하는 자들 모두와 철저히 결별해야 한다. 이와 같은 정책을 추구하는 사람들만이 실제로 사회주의 인터내셔널을 건설하고 있는 것이다. 우리의 경우, 중앙위원회의 러시아 국내위원회 및 페테르부르크 노동계급 운동의 지도적 분자들과 연락을 취해 그들과 의견을 교환한 결과, 주요 지점들에서 의견이 일치함을 확신하게 되었으며, 또한 이 방향으로 수행되는 활동만이 당 활동이자 사회민주주의 활동임을 중앙기관지 편집국으로서 우리가 당의 이름으로 선언할 수 있는 위치에 있음을 확신하게 되었다.

독일 사회민주주의 운동의 분열이라는 상(像)은 그 '이례적인' 면 때문에 많은 사람들에게 우려스런 일로 다가올 수 있다. 그러나 그 이례적인 일이 일어나거나(결국 아들러와 카우츠키는 1914년 7월 국제사회주의사무국[8] 마지막 회기에서 자신들은 기적을 믿지 않으며 따라서 유럽 전쟁을 믿지 않는다고 실제로 선언했다!), 아니면 한

때 독일 사회민주주의였던 것의 고통스런 해체를 우리가 목도하게 되거나, 둘 중 하나일 수밖에 없는 상태임을 객관 정세는 결국 보여주고 만다. 결론으로, 우리는 (이전의) 독일 사회민주당이라면 일단 '믿고 보는' 습관을 지니고 있는 사람들에게 상기시켜주고 싶은 사실이 있다. 많은 쟁점들에서 우리와 대립해온 반대파 사람들이 그러한 (독일 사회민주주의의) 분열이라는 상에 도달한 사실 말이다. 마르토프는 《골로스》에 다음과 같이 썼다. "《포어베르츠》는 죽었다. …… 계급투쟁을 공개적으로 폐기하는 사회민주주의라면, 사실을 있는 그대로 인정하고 조직을 일시 해산하는 것과 함께 기관지도 폐간하는 편이 나을 것이다."《골로스》의 보도에 따르면, 플레하노프는 한 공개 강연에서 "나는 분열에 매우 반대하지만, 조직의 보전을 위해 원칙이 희생된다면, 허구적인 단결보다 분열이 차라리 낫다"고 말했다. 플레하노프는 독일 급진파를 향해서 이렇게 말한 것인데, 그는 독일인들의 눈에 낀 티끌은 보면서도 자기 눈에 박힌 들보는 보지 못한다. 이것은 그의 개인적인 특질이다. 지난 10년간 우리 모두는 플레하노프의 이론상의 급진주의와 실천상의 기회주의라는 그 특질을 아주 익히 보아왔다. 그러나 그 같은 '특이함'을 지닌 인물들까지도 독일인들 사이의 분열에 대

8   The International Socialist Bureau. 1900년 파리 대회의 결정에 의해 설립된 제2인터내셔널 집행기구. 1905년부터 레닌은 러시아 사회민주노동당을 대표하여 이 사무국의 성원으로 활동했다.—원서 편집자

해 얘기하기 시작한다면 그것은 시대의 징후다.

| 《사회민주주의자》 35호, 1914년 12월 12일

대러시아인의
민족적 긍지에 대하여

요즘 민족과 조국에 관한 담론과 주장, 선언 등은 정말 많기도 하다! 영국의 자유주의적·급진주의적 정부 각료들, 프랑스의 수많은 '선지적(先知的)'인 언론인들(이들은 자신들의 반동적인 동료들과 의견이 완전히 일치하는 것으로 판명됐다), 그리고 러시아의 허다한 관변 카데츠적·진보적인 문사(文士)들(여기에는 일부 나로드니키와 '마르크스주의자들'도 포함된다) 모두가 각자 자국의 자유와 독립을 찬미하고, 민족독립의 대원칙을 드높이느라 야단법석이다. 여기서 어디까지가 도살자 니콜라이 로마노프[1]를 위한 사람, 또는 아프리카 흑인과 인도 주민을 억압하고 고문하는 자들을 위한 어용 찬미자고, 어디서부터가 그냥 흐르는 대로—순전히 우둔해서든, 정견을 갖고 있지 못해서든—따라가는 평범한 속물들인지를 분간할 수가 없다. 그런 구분이 중요한 것도 아니다. 여기 우리 앞에 있는 것은 폭넓고 매우 깊은 하나의 사상적 조류로, 그 뿌리가 대국 민족의 지주나 자본가

---

[1]   니콜라이 2세(1868~1918년). 러시아의 마지막 차르(재위 1894~1917년).—원서 편집자

의 이해와 긴밀히 엮여 있다. 매년 수십억, 수백억이 이들 계급에 이득이 되는 생각과 이념의 선전을 위해 지출되고 있다. 그 사상적 조류는 꽤나 큰 수차(水車)로서, 확신에 찬 배외주의자 멘시코프(Menshikov)로부터 플레하노프와 마슬로프, 루바노비치(Rubanovich)와 스미르노프, 크로포트킨(Kropotkin)과 부르체프(Burtsev) 같은 기회주의나 무정견함으로 인한 배외주의자까지 그 모든 수원지로부터 물을 끌어댄다.

우리 대러시아인 사회민주주의자도 이 사상적 조류에 대한 태도를 정해보자. 유럽의 최동부 지역과 아시아의 상당 부분에 걸쳐 있는 대국 민족의 대표인 우리가 민족 문제의 거대한 의의를 망각한다면 그것은 꼴사나운 일일 것이다. 특히, 정당하게도 '민족들의 감옥'이라고 불려온 나라에서, 그리고 자본주의가 바야흐로 이 유럽의 최동부 지역과 아시아에서 수많은 '새로운' 크고 작은 민족들에게 생활과 자각을 일깨우고 있는 바로 이 시대에 말이다. 더군다나 차르 군주제가 수많은 민족 문제들을, 연합귀족평의회[2]와 구치코프(Guchkov), 크레스톱니코프(Krestovnikov), 돌고루코프(Dolgorukov), 쿠틀러(Kutler), 로디체프 일당들의 이익에 맞춰 '해결'하기 위해 수백만 대러시아인과 비러시아계 민족들을 징집하여 무장시키고

2   1906년 5월에 창설된 반혁명적 지주 조직. 연합귀족평의회는 차르 정부의 정책에 상당한 영향력을 행사했다. 레닌은 이 평의회를 '연합봉건주의자평의회'라고 불렀다.—원서 편집자

있는 이 시점에 말이다.

민족적 긍지의 감정은 우리 대러시아인의 계급적으로 각성한 프롤레타리아에게 낯선 것인가? 확실히 그렇지는 않다! 우리는 우리말과 우리나라를 사랑하며, 우리나라의 근로대중(즉우리나라 인구의 10분의 9)을 민주주의적·사회주의적 의식 수준으로 끌어올리기 위해 전력을 다하고 있다. 우리의 아름다운나라가 차르의 도살자들인 귀족과 자본가 들의 손에서 학대와억압과 능욕을 겪고 있는 것을 보는 것은 우리에게 고통스러운일이다. 이러한 학대와 억압이 우리의 한가운데서, 대러시아인사이에서 반항을 불러일으키고 있는 것, 이 속에서 A. N. 라디셰프(Radishchev)[3]와 데카브리스트[4]와 70년대의 혁명적 라즈노친치[5]를 배출한 것, 대러시아 노동자계급 속에서 1905년에 힘찬 혁명적 대중정당을 만들어낸 것, 대러시아인 농민 속에서

3 러시아의 작가이자 혁명가. 1749~1802년. 그는 자신의 유명한 『페테르부르크에서 모스크바까지의 여정 *A Journey from St. Petersburg to Moscow*』에서 러시아의 농노제에 대한 첫 번째 공개적인 공격을 시작했다. 카테리나 2세의 명령으로 그는 사형 선고를 받았지만, 10년간의 시베리아 유형으로 감형되었다. 사면을 받아 유배지에서 돌아왔지만 또다시 박해를 받을 위협에 처하자 자살했다. 레닌은 라디셰프가 러시아 인민의 뛰어난 대표자라고 보았다.—원서 편집자

4 데카브리스트(12월당)는 1825년 12월에 전제정과 농노소유제도에 반대하여 봉기를 일으킨 러시아의 혁명적 귀족들이다.—원서 편집자

5 Raznochintsy. 귀족 출신 지식인들과는 별개로, 소도시 주민, 하급 성직자, 상인, 농민층 등에서 배출된 러시아의 평민 지식인들이다.—원서 편집자

민주주의를 향한 전환과 함께 성직자와 지주 타도 투쟁이 시작된 것에 우리는 긍지를 느낀다.

혁명의 대의에 목숨을 바친 대러시아인 민주주의자 체르니솁스키(Chernyshevsky)가 반세기 전에 말한 것을 우리는 기억한다. "불쌍한 민족, 노예 민족, 위부터 아래까지 모두 노예다."[6] 공공연한 노예와 은폐된 노예인(차르 군주제에 대해 노예인) 대러시아인은 이 말들을 떠올리고 싶어하지 않는다. 하지만 우리의 견해로는 이 말들은 우리나라를 위한 진정한 사랑의 말들, 대러시아인 주민대중 사이에 혁명적 정신이 결여된 것을 한탄하는 사랑의 말들이다. 당시에 이러한 정신이라곤 어디에도 없었다. 지금은 조금밖에 없긴 하지만, 그러나 이미 존재한다. 우리는 민족적 긍지로 가득 차 있다. 왜냐하면 대러시아 민족도 혁명적 계급을 창조해냈기 때문이다. 또한 대러시아 민족도 인류에게 자유와 사회주의를 위한 투쟁의 위대한 모범을 보일 능력이―대학살과 교수대와 고문실과 대기근을 보일 능력과 성직자·차르·지주·자본가에게 거대한 굴종을 보일 능력만이 아니라―있음을 입증했기 때문이다.

우리는 민족적 긍지의 감정으로 충만해 있고, 바로 이 이유 때문에 우리는 우리의 노예적인 과거(지주 귀족이 농민을 이끌고 헝가리와 폴란드와 페르시아와 중국의 자유를 질식시키기 위한 전쟁으로

6   체르니솁스키의 소설 『프롤로그*The Prologue*』에서 인용.―원서 편집자

몰아넣었던 과거)와 우리의 노예적인 현재(이들 동일한 지주들이 자본가들의 지원으로, 폴란드와 우크라이나를 목 조르기 위해, 페르시아와 중국의 민주주의 운동을 짓밟기 위해, 우리 대러시아인의 민족적 존엄에 치욕이 되고 있는 로마노프(Romanov)와 보브린스키(Bobrinsky)와 V. M. 푸리시케비치(Purishkevich)[7] 도당을 강화하기 위해 우리를 전쟁으로 몰아넣고 있는 현재)를 특히 증오한다. 노예로 태어난 게 죄는 아니다. 그러나 자유를 위한 지향과 노력을 회피할 뿐만 아니라 자신의 노예 처지를 정당화하고 찬미하는(예를 들어 폴란드와 우크라이나를 목 조르기 위한 전쟁을 대러시아인의 '조국 옹호'라고 부르는) 노예, 이러한 노예는 분노와 경멸과 혐오의 감정을 일으키는 아첨꾼이고 시녀다.

"타 민족을 억압하는 민족은 자유로울 수 없다." 일관된 19세기 민주주의의 가장 위대한 대표자로서 혁명적 프롤레타리아트의 교사가 된 마르크스와 엥겔스가 이렇게 말했다. 민족적 긍지의 감정으로 충만한 우리 대러시아인 노동자는 이웃 민족과의 관계를 (위대한 민족에게 참으로 모욕적인 봉건주의적 특권 원칙 위에가 아니라) 인간적인 평등 원칙 위에 수립하는 자유 독립의 러시아, 민주주의적이고 공화주의적인 러시아, 자긍심 있는 러시아를 꼭 원한다. 우리가 이러한 러시아를 원한다는 바로 그 이유 때문에 우리는 다음과 같이 말한다. 모든 혁명적

7 1870~1920년. 대지주로서, 흑백인조의 반동파이며 군주제주의자.—원서 편집자

수단으로 자기 조국의 군주제와 지주와 자본가, 즉 우리나라의 최악의 적들과 싸우는 것 외의 방식으로는, 20세기에, 그리고 유럽에서(심지어 유럽의 최동부에서도) '조국 옹호'란 가능하지 않다. 대러시아인은 어느 전쟁에서든 차리즘의 패배(대러시아 주민의 10분의 9에게는 해악이 가장 적은)를 바라는 것 외의 방식으로는 '조국 옹호'란 가능하지 않다. 왜냐하면 차리즘은 이 10분의 9 주민을 경제적·정치적으로 억압할 뿐만 아니라, 그들에게 타 민족을 억압하도록 가르치고, 이 수치스런 짓을 위선적이고 사이비 애국적인 언사로 덮어 감추도록 가르침으로써 그들에게 모욕감과 불명예를 안기고, 그들을 타락시키고 저속화시키기 때문이다.

반론이 제기될지 모르겠다. 차리즘 외에, 그리고 차리즘의 날개 밑에서 또 다른 역사적 세력이 일어나서 강력해졌다는, 즉 대러시아 자본주의가 광대한 지역들을 중앙집권화하고 하나로 접합시킴으로써 진보적 작업을 수행하고 있다는 반론 말이다. 그러나 이러한 반론은 차리즘적·푸리시케비치적 사회주의자라고 불러야(마르크스가 라살파를 프로이센 왕실 사회주의자라고 부른 것처럼)[8] 마땅한 우리나라의 사회주의적 배외주의자들을 무죄로 만들어주는 것이 아니라, 반대로 그들이 유죄임을 더욱더 분명히 해주는 것이다. 역사가 이 문제를 수많은 소민족

8   Marx and Engels, *Selected Correspondence*, Moscow, 201쪽을 보라.—원
      서 편집자

들의 이익에 반하여, 대러시아인 지배민족 자본주의에 유리하게 해결할 것이라는 가정을 심지어 해보자. 이것은 불가능하지는 않은데, 왜냐하면 자본의 역사 전체가 폭력과 약탈, 유혈과 매수의 역사기 때문이다. 우리는 모든 대가를 치르고서라도 소민족들을 보존해야 한다고 주장하지는 않는다. 다른 조건이 같다면, 우리는 단연코 중앙집권화에 찬성하고, 연방적 관계라는 소부르주아적 이상에 반대한다. 그러나 우리의 가정이 설사 사실일지라도 첫째, 로마노프 왕실-보브린스키-푸리시케비치가 우크라이나 등을 목 조르는 것을 돕는 것이 우리나 민주주의자들의 업무(사회주의자들의 업무는 말할 것도 없고)는 아니다. 비스마르크는 자기 식으로, 융커적 방식으로 진보적인 역사적 임무를 완수했지만, 그러나 이를 근거로 비스마르크에 대한 사회주의자의 원조를 정당화시킬 생각을 한 사람이 있다면 정말이지 그는 훌륭한 '마르크스주의자'일 것이다! 게다가 비스마르크는 타 민족들에게 억압받고 있던 분열된 독일인들을 통합시킴으로써 경제적 발전을 촉진시키지 않았던가. 그러나 대러시아의 경제적 번영과 급속한 발전은 나라가 타 민족들에 대한 대러시아인의 억압으로부터 해방되는 것을 요건으로 한다. 이것이 진짜 러시아인 자칭 비스마르크주의자들을 숭배하는 우리나라의 예찬자들이 간과하고 있는 차이다.

둘째, 만약 역사가 이 문제를 대러시아인 지배민족 자본주의에 유리하게 해결한다면, 자본주의에 의해 탄생된 공산주

혁명의 원동력으로서 대러시아인 프롤레타리아트의 **사회주의**적 역할은 더욱더 커질 것이라는 결론이 그로부터 나온다. 프롤레타리아 혁명은 **가장** 완전한 민족 간 평등과 우애의 정신으로 노동자를 장기간에 걸쳐 교육할 것을 요구한다. 따라서 대러시아인들에게 억압받고 있는 모든 민족의 완전한 평등과 자결권을 가장 단호하게, 일관되게, 대담하게, 그리고 혁명적인 방식으로 옹호하도록 대중을 체계적으로 교육하는 것이 다름 아닌 대러시아인 프롤레타리아트의 이익을 위해 필요하다. 대러시아인의 민족적 긍지(노예적 의미로 이해된 긍지가 아닌)의 이익은 대러시아인(그리고 그 밖의 모든 민족) 프롤레타리아의 **사회주의**적 이익과 부합한다. 우리의 모범은 언제나 마르크스일 것이다. 수십 년 동안 영국에 살면서 반(半)영국인이 된 뒤에도 영국 노동자들의 사회주의 운동의 이익을 위해 아일랜드의 자유와 민족독립을 요구한 마르크스 말이다.

플레하노프 등과 같은 우리 국내산 사회주의적 배외주의자들은 우리가 검토한 두 번째 가정의 경우에서는 자신의 나라—자유롭고 민주주의적인 대러시아—에 대해서만이 아니라, 러시아의 모든 민족의 프롤레타리아적 우애에 대해서도, 즉 사회주의의 대의에 대해서도 배반자임이 입증될 것이다.

| 《사회민주주의자》 35호, 1914년 12월 12일

옮긴이 후기

이 책은 레닌이 1914년 8월부터 같은 해 말까지 쓴 글들을 번역한 것이다. 번역은 프로그레스 출판사(모스크바)의 1974년 영어판을 대본으로 했고, 일어판(大月書店)을 참고했다. 번역 대본은 전집 45권 중 21권이며, 이 책에 수록된 내용은 21권의 대략 앞부분 4분의 1 분량에 해당한다. 그 다음의 수록작들은 이 전집의 이어지는 책들(59권과 60권)에 수록되었다.

국내에도 번역 출간된 레닌의 저작이 여럿 있지만, 이 책에 수록된 글들은 대부분 국내에서는 처음으로 소개되는 작품들이 아닌가 한다. 예외적으로 이 책의 표제작인 「마르크스」의 경우, 애초 이 글이 발표된 이래 오늘날까지 전세계적으로 널리 읽히면서 마르크스 입문서로 정평이 나 있는 관계로 국내에서도 1980년대 말부터 여러 출판사에서 출간되었다. 하지만 대부분 절판된 지 오래라, 독자들이 쉽게 접할 수 없었다.

레닌이 마르크스의 인생과 마르크스주의에 대해 간략하게 개괄한 「마르크스」를 제외하고 이 책에 수록된 다른 글들은 모두 '전쟁'에 관한 글이다. 1914년 8월에 발발한, 현대사에서

통칭 '1차 세계대전'이라고 불리는 전쟁 말이다. 이 글들은 눈 앞에서 벌어지고 있는 '전쟁'을 놓고 무엇을 할 것인가를 주제로 삼고 있으며, 이 전쟁에 대한 혁명운동의 강령, 전술을 담고 있다. 이 전쟁이 이 글들을 쓰던 레닌 당대의 국제 노동자계급 운동, 사회주의 운동 앞에 던져진 가장 절박하고 중대한 도전일 수밖에 없었을 테니, 당시의 레닌의 글들이 모두 '전쟁'을 주시하고 있는 것은 당연하다.

1914년 이전과 이후 레닌의 사유에는 분리와 단절이 존재한다고 한다. 1914년 이전의 레닌과 1917년 이후의 레닌이 다르다는 것은 두루 알려진 사실이다. 그 차이가 무엇인지, 그 단절의 의미가 무엇인지 견해가 분분하지만, 차이와 단절이 있었다는 것은 분명하다. 제국주의 세계대전과 그 전쟁의 시험대를 통과하지 못한 기존 사회주의 운동의 파산과 인터내셔널의 붕괴라는 대재앙, 그리고 역설적으로 이 대재앙이 열어젖힌 세계 프롤레타리아 혁명의 새로운 전망 앞에서 기존의 한계와 관성을 돌파하는 분리와 단절이란 어찌 보면 필연적인 것이었다고 할 것이다. 1914~6년의 단절의 격통을 통과한 '새로운 레닌', 그것은 사람들의 눈에 1917년 4월 테제의 레닌, 10월 혁명의 레닌으로 표상되겠지만, 그것이 제시해준 영감과 그 의미는 무엇보다도 당시 세계 전체를 붕괴시킨 전쟁이라는 재앙을 배경으로 해서만 제대로 파악될 수 있을 것이다. 지금 우리가 레닌을 다시 읽고 레닌을 재장전해야 한다고 할 때, 이 1914년 8

월 이후의 글들을 읽는 것으로 시작해야 하는 이유가 여기에 있다.

　독자들이 부담 없이 책에 접근할 수 있도록 많지 않은 분량으로 책을 펴내겠다는 출판사의 방침에 따라, 이 책에는 레닌이 거쳤던 격동의 시기 중 몇 개월간의 글들만 담겼다. 그러나 방대한 레닌의 저작 중 단 몇 편만으로 레닌의 사유를 온전히 이해하기란 불가능하다. 분량 문제로 인해, 이 역사적 격변기에 레닌이 '시류를 거스르며' 창조적으로 발전시킨 이론과 전술, 그리고 혁명적 투쟁의 불꽃으로 채색된 그의 불퇴전의 고투가 충분히 전달되지 못하고 있는 것은 아닌지 못내 두렵다. 이 격변기 정세와 직접적인 관계가 없는 「마르크스」가 이 책의 분량에서 제일 큰 비중을 차지하게 된 것 또한 이런 이유 때문임을 알리고 독자들께 혜량을 구한다. 그 때문에라도 독자들께서는 반드시 이 책에 이어지는 후속권들을 함께 읽기를 당부 드린다.

2017년 5월

양효식

찾아보기

마르크스

058 레닌
　　　전집

Владимир
Ильич
Ленин

1판 1쇄 발행 2017년 7월 31일

지은이 블라디미르 일리치 레닌
옮긴이 양효식
펴낸이 김찬

펴낸곳 도서출판 아고라
출판등록 제2005-8호(2005년 2월 22일)
주소 경기도 파주시 가온로 256 1101동 302호
전화 031-948-0510
팩스 031-948-4018

ISBN 978-89-92055-60-4 04300
ISBN 978-89-92055-59-8 04300세트

이 책은 박연미 디자이너와 허형옥 디자이너,
대현지류, HEP프로세서, 더나이스, 경일제책
노동자들의 노동을 통해 만들어졌습니다.
또한 편집과 제작비 마련 과정에서 레닌북클럽
회원들의 도움을 받았습니다.

* 책값은 뒤표지에 있습니다.
* 레닌북클럽:
facebook.com/groups/leninbookclub

마르크스

058 레닌
전집

**Владимир
Ильич
Ленин**

1판 1쇄 발행 2017년 7월 31일

지은이 블라디미르 일리치 레닌
옮긴이 양효식
펴낸이 김찬

펴낸곳 도서출판 아고라
출판등록 제2005-8호(2005년 2월 22일)
주소 경기도 파주시 가온로 256 1101동 302호
전화 031-948-0510
팩스 031-948-4018

ⓒ아고라, 2017
ISBN 978-89-92055-60-4 04300
ISBN 978-89-92055-59-8 04300세트

이 책은 박연미 디자이너와 허형옥 디자이너,
대현지류, HEP프로세서, 더나이스, 경일제책
노동자들의 노동을 통해 만들어졌습니다.
또한 편집과 제작비 마련 과정에서 레닌북클럽
회원들의 도움을 받았습니다.

* 책값은 뒤표지에 있습니다.
* 레닌북클럽:
facebook.com/groups/leninbookclub